Alexandra Kliche

NICHTS WIE WEG!

ALEXANDRA KLICHE

NICHTS WIE WEG!

Warum ich die »Republikaner« verlassen habe

GOLDMANN VERLAG

Der Goldmann Verlag
ist ein Unternehmen der Verlagsgruppe Bertelsmann

1. Auflage

Umschlaggestaltung: Design Team München
Printed in Germany
ISBN 3-442-32528-5

INHALT

1. Kapitel

LIEBE IST SCHWER ZU ERKLÄREN

Kindheit und Jugend im Spandauer Milieu

In einer Zeit des Aufbruchs und der Revolten bin ich in Berlin geboren. Kommunen wurden gegründet, Studenten gingen auf die Straßen mit Transparenten, roten Fahnen, Hohohotschimin und was sie alles gerufen haben, das kenne ich nur aus Erzählungen. Doch nicht von meinen Eltern. Die lebten zu dieser Zeit etwas abseits vom Geschehen in einer Werkswohnung von Siemens in dem Berliner Nordbezirk Siemensstadt, wo hauptsächlich ältere und kleinbürgerlich gesinnte Leute wohnen. Als ich vier Jahre alt war, das war 1973, bauten meine Eltern ein Einfamilienhaus am Rande von Spandau, fünf Minuten weg von der Mauer. Vom weltstädtischen Charakter Berlins ist hier nichts zu spüren. Da geht es so dörflich und provinziell zu wie in jeder westdeutschen Kleinstadt. Jeder kennt jeden, und nichts bleibt verborgen. Ganz das Gegenteil von jener anonymen Toleranz, die man einer Stadt wie Berlin unterstellt. Klatsch und Tratsch beherrschen die Atmosphäre. Ist die Straße gefegt, der Garten gehegt, das Haus gepflegt, und wenn Herr Klein sich mal ein neues Auto kauft, muß Frau Groß mit Herrn Kurz darüber sprechen, ob Herr Klein sich das überhaupt leisten kann. Kurz und gut, um mich herum nichts als trübe Provinz. Aber was macht das schon, wenn man Kind ist und andere Kinder zum Spielen hat. Unsere Straße war voll von Kindern in meinem Alter. Wir haben in den Gärten hinter den Häusern gespielt, Streiche ausgeheckt, eben wie das so üblich ist. Nichts Besonderes halt. Nur von der Mauer sollten wir uns fernhalten. Wohlerzogen und brav haben wir uns an dieses Verbot gehalten. Die neue Straße, die gebaut wurde, die Bagger und Preßlufthämmer waren sowieso viel interessanter. Mit sechs Jahren ging ich dann in die Grundschule, nur zehn Minuten vom Haus entfernt, aber eine ganz neue Welt, in der ich mich ganz und gar nicht wohlgefühlt habe. Stillsitzen, Disziplin, Leistungsdruck und dann auch noch der Streber, der Petzer und die ehrgeizigen Mütter im Hintergrund, die ihre Kinder so auf Hochglanz bringen wollten wie ihre Küchen. Aber trotz Hochglanz keine Lichtblicke, was die Schule betraf, außer wenn mal eine Stunde ausfiel. Immerhin, ich gehörte zu den fünf Kindern aus der Klasse, die aufs Gymnasium gingen. In der achten, neunten Klasse begann ich mich für Deutsch und Geschichte zu interessieren, während ich mich mit Mathe und Physik ziemlich herumquälen mußte.

Bismarck zum Beispiel fand ich spannend. Der ist doch ganz raffiniert, dachte ich mir, macht die soziale Gesetzgebung, steht nach außen damit ganz gut da und verhindert nach innen auf diese Weise Aufstände und Krawalle. Was wir später über den Faschismus gelernt haben, kam mir hingegen abstrakt vor, unwirklich und sehr weit weg. Unvorstellbar ist mir auch, daß die meisten, die in dieser Zeit gelebt haben, nichts gewußt haben sollen von der Judenvernichtung und Verfolgung von Menschen, die anders dachten, als es die Nazis vorschrieben. Nahe kam mir dieses Thema im Deutschunterricht, wo wir die »Ermittlung« von Peter Weiß gelesen haben. Alltagsszenen aus den Konzentrationslagern, wie erniedrigend und brutal die Menschen dort von den Nazis behandelt wurden, für Suppe, Waschen und Notdurft nur einen Napf und später dann, wenn einer oder eine überlebt hatte, die Nummer auf dem Arm, so daß sie nicht vergessen können. Ich schrieb einige Aufsätze über den Widerstand gegen das Naziregime. In der Spandauer Bibliothek war es schwierig, Material darüber zu finden. So schrieb ich über die Gräfin zu Dohna, bei der Hitler zunächst ein und aus ging, obwohl sie keinen guten Eindruck von ihm hatte, ihr nicht gefiel, was er sagte. Aus national gesinnten Kreisen stammend, wurde sie am Ende selbst zur Verfolgten, kümmerte sich um Juden und kam ins KZ. Das Schicksal dieser Frau hat mich ergriffen und beeindruckt. Aber ob ich selbst so handeln würde wie sie, das ist schwer zu sagen. Jedenfalls bin ich froh, daß ich nicht in dieser Zeit gelebt habe, obwohl heutzutage auch nicht alles so rosig aussieht. Es gibt viele Entwicklungen, die mir nicht gefallen, vieles, was ich gern ändern würde: Der ›american way of life‹, daß alles nur noch ums Geld geht und wie eng Wirtschaft und Politik verknüpft sind, und wie Natur und somit auch die Menschen, die heute leben, unter diesen Entwicklungen zu leiden haben. Manchmal denke ich, die meisten merken das gar nicht mehr. Alles ist so sehr auf Oberflächlichkeit und die schnelle Mark angelegt, und Ehrlichkeit und Verantwortlichkeit für die Umwelt gehen dabei zugrunde. Das beschäftigt mich so, daß es mir einfach zuviel ist, darüber hinaus auch noch die sogenannte »Erbschuld« der älteren Generationen mit mir herumzutragen.

Daß Natur und Umwelt nicht nur aus unserer Straße und dem Hausgarten bestehen, wurde mir ungefähr mit fünfzehn klar. In der Schule haben wir in den Fächern Erdkunde und Biologie öfter über Umweltschutz gesprochen. Mein Großvater war Förster, ist mit mir in den Wald gegangen, hat mir Bäume und Tiere erklärt. Ich habe mich wohl gefühlt in der Natur und dann zu erfahren, wie das alles zerstört wird, wie Wasser, Pflanzen, Tiere durch die Industrie, also durch die Menschen kaputt gemacht werden und wie sie sich damit die wertvollsten Lebensgrundlagen zerstören, hat mich schockiert. Das Bild einer sogenannten heilen Welt in der eher dörflichen Atmosphäre unserer Gegend war plötzlich ziemlich angekratzt. Ich war froh, daß es Menschen gab, die sich dafür engagierten, daß diesen zerstörerischen Entwicklungen Einhalt geboten wird, und an der Stelle wollte ich auch etwas tun.

Im Deutschunterricht hat mich besonders der »Untertan« von Heinrich Mann beeindruckt. Die Spießbürgermentalität, die darin beschrieben wird, dieses nach oben buckeln und nach unten treten, das kam mir bekannt vor. Auch wie Menschen, die eigentlich selbst kein Rückgrat haben, doch immer wieder versuchen, über andere Leute Macht auszuüben. In der Schule bekam ich das auch manches Mal zu spüren. Ungerechtigkeiten von seiten der Autoritäten, sprich Lehrer, haben mich einfach immer wieder auf die Palme, das heißt bis zum Direktor gebracht. Angst, eine Meinung zu äußern, von der ich überzeugt war, hatte ich eigentlich nie.

Doch halt, das stimmt nicht ganz. Einmal hatte ich Angst. Und wie es so ist, grade da durfte ich sie nicht zeigen. Es war im Februar 1988, in der Nähe der Trabrennbahn Mariendorf. Einige hundert Menschen hatten sich am frühen Abend versammelt, um gegen einen Ball der Berliner Republikaner zu demonstrieren. Vorwiegend junge Leute, in meist dunkler, etwas abgerissener Kleidung. Und ich, mitten drin mit meiner Freundin, gleich hinter der roten Fahne und alle brüllten »Nazis raus«, »Nazis raus«. Einige der Demonstranten beäugten uns etwas mißtrauisch. Unseren Aufzug fanden sie wohl für diese Gelegenheit etwas unpassend: meine Freundin in einem wallenden himmelblauen Abendkleid, kurzem Partyjäckchen, Flimmer im Haar und ich im schwarzen Cocktailkleid mit Pailletten bestickt und Pelzjacke. »Nazis raus«, »Nazis raus«. Mein Herz schlug bis zum Hals. Werden sie uns angreifen? Meine Freundin, die Ruhe selbst. Ich hatte das Gefühl, sie war sich der Gefahr, in der wir uns befanden, gar nicht bewußt. Und ich in Panik. Nichts wie weg. Was ich fürchtete, war nicht die Polizei, die mit Wasserwerfern und Tränengas die Demonstration auseinandertreiben könnte. Ich fürchtete mich vor den Demonstranten, unter denen ich mich befand. Schließlich gehörte ich zur anderen Seite, eben zu denen, gegen die hier demonstriert wurde. Ich wollte mit meiner Freundin zum Ball der Republikaner und war auf dem Weg dorthin in die Kundgebung geraten.

Später habe ich mir die Frage gestellt, wie es eigentlich gekommen ist, daß ich nicht zu dieser Gruppe von Leuten gehörte, sondern zu denen, die hier als Nazis beschimpft wurden.

Freie Meinungsäußerung. Eins der wichtigsten Grundrechte, wie ich finde. Und Freiheit ist immer die Freiheit Andersdenkender, na klar. Statt im Cocktailkleid und Pelzjacke hätte ich auch mit 'nem lila Irokesenschnitt, aufgerissenen schwarzen Jeans und abgewetzter Lederjacke hinter der roten Fahne stehen können. Durchaus denkbar. Wie kam es also, daß ich zu den anderen, zu den Republikanern gehörte?

Schon während der Schulzeit habe ich mich journalistisch betätigt, was sicherlich auch mit meinem Bedürfnis, meine Meinung frei zu äußern, zusammenhing. Angefangen hat das schon in meinen Kinderjahren, ich war acht oder neun, als ich die ersten kleinen Geschichten für die Kinderseite des »Spandauer Volksblatts«, heute »Berliner Volksblatt«, schrieb. Sprache und mittels der Sprache meine Gefühle und Gedanken auszudrücken, das machte mir Spaß. Über Bekannte bekam ich mit siebzehn die Möglichkeit, für Berliner Tageszeitungen zu arbeiten und im Berliner Privatfernsehen als Moderatorin.

Besonders spannend, muß ich gestehen, fand ich die ersten Themen, die ich zur Bearbeitung bekam, nicht grade. Golf. Nicht das Auto, der Sport. Weder von einen noch vom anderen hatte ich Ahnung. Doch grade so lernte ich schnell zu recherchieren und war verwundert darüber, mit wie wenig Sachkenntnis sich ein Fernsehbericht auf die Beine stellen läßt. Eigentlich entsprach das nicht meinen Vorstellungen von gründlicher, fundierter journalistischer Arbeit. Ich lernte also früh die Praxis kennen, ohne große Umwege über komplizierte publizistische Theorien, die sich sowieso nicht anwenden lassen.

Schön und gut. Doch mit diesen, wie ich fand, banalen Inhalten wollte ich mich nicht länger zufrieden geben. Ich interessierte mich mehr für Politik als für Sport oder Autos, und für dieses Interesse suchte ich ein Betätigungsfeld, also eine Partei.

Aber welche? Die Korruption, der Filz, die hohlen Versprechungen der Altparteien schreckten mich ab. Mir stand der Sinn nach etwas ganz Neuem, Unverbrauchten, nach einer Partei, in der Ideale noch glaubwürdig und nicht zu hohlen Phrasen verkommen sind.

Was waren denn meine Ideale? Es mag für manche merkwürdig klingen, aber ich liebe Deutschland. Liebe, finde ich, ist immer schwer zu erklären. Liebe hat, im Gegensatz zum Verliebtsein etwa, viel mit *Kennen* zu tun, mit Vertrautheit, oder etwas altmodisch ausgedrückt mit Heimat. Deutschland ist meine Heimat und so eben das Land, wo ich mich am wohlsten fühle, weil mir alles vertraut ist – die deutsche Sprache, in der ich mich am präzisesten ausdrücken kann, die Mentalität, mit der ich mich verbunden fühle – Zuverlässigkeit, Pflichtbewußtsein zum Beispiel. Sicherlich sind das Worte und Werte, die sich mit positiven wie mit negativen Inhalten füllen lassen. Ich nehme sie positiv.

Ich hab's einfach gern, wenn ich mich auf etwas oder jemanden verlassen kann. Ob es nun die U-Bahn ist, die pünktlich in den Bahnhof einläuft, oder der Freund, der mich nicht stehen und warten läßt, wenn wir verabredet sind. Die besondere Zuverlässigkeit und Pünktlichkeit der Deutschen, dafür sind wir ja auch im Ausland berühmt. Ja, Liebe ist schwer zu erklären. Und Liebe hat sicherlich nicht zuletzt etwas mit Verantwortungsgefühl zu tun. Und so fühle ich mich auch verantwortlich für das, was in Deutschland passiert. Damit es nicht nur ein Gefühl bleibt, wollte ich mich also politisch engagieren. Womit wir wieder bei der Frage wären: Wo?

Freunde von mir waren in der Jungen Union und bestätigten meine Befürchtungen, was Filz und Korruption betraf. Ihre Partei könnten sie mir ganz und gar nicht empfehlen, bei den Vorstellungen, die ich hätte. Wer in der CDU etwas verändern, etwas Neues schaffen wolle, könne gleich sein Testament machen. Für ein Testament fühlte ich mich doch noch etwas zu jung. Sie erzählten mir dann von einer neuen Partei, die sich noch im Gründungsstadium befände und in der sicherlich einiges zu machen sei: *Die Republikaner.* Mit meiner Liebe zu Deutschland sei ich da sicherlich gut aufgehoben.

Dieses Gespräch, das ganz zwanglos bei einem Freund stattgefunden hatte, stimmte mich nachdenklich. Auf meinem Heimweg mußte ich immer wieder an die Republikaner denken. Irgendwie war es ja schade, daß ich nicht in eine große Partei wie in die CDU eintreten konnte. Warum bloß waren diese Parteien so korrupt und verfilzt? Aber ich freundete mich mit der Hoffnung an, daß bei einer neuen Partei wie den Republikanern alles besser sein würde. Ich wußte zwar nicht viel über die Partei, außer, daß sie sich für die Liebe zu Deutschland einsetzen wollte, doch irgendwie hatte ich bei dieser Sache ein gutes Gefühl. Ich beschloß also, mich um die Republikaner zu kümmern.

Gleich am nächsten Morgen rief ich bei meinen Freunden an, um mir die Kontaktadresse der Republikaner geben zu lassen. Fehlanzeige! Meine Freunde wußten zwar, daß es die Republikaner gab und waren sich auch sicher, daß es die geeignete Partei für mich sei, aber sie kannten weder Mitglieder, noch hatten sie eine Kontaktadresse. Ich dachte mir, das ist ja toll, die empfehlen mir eine Partei, von der sie nicht einmal wissen, wie man darüber Informationsmaterial bekommt. Aufgeben wollte ich aber trotzdem nicht. Ich fragte andere politisch Interessierte, erntete aber nur überraschte Blicke oder die Frage: REP? Nein, die kenne ich nicht. Und du bist dir wirklich sicher, daß das eine Partei ist?

So kam ich nicht weiter. Ich beschloß zu warten, bis

ich irgendwo etwas von den Republikanern hörte, um dann nachhaken zu können. Über einen Monat mußte ich mich gedulden, bis es endlich soweit war. 17. Juni '87, ich saß zu Hause, beim Frühstück, blätterte gelangweilt die ›Berliner Morgenpost‹ durch, als ich das Wort »Republikaner« entdeckte. »Der Vorsitzende der Berliner Schülerunion (SU), Wolfgang Fenske und sein Stellvertreter Andreas Galau, sind nach einer Mitteilung der Partei ›Die Republikaner‹ (REP) von gestern, aus der CDU und der JU ausgetreten und haben sich der rechtskonservativen Partei unter Führung von Franz Schönhuber angeschlossen.« Ich beschloß einen der beiden neuen Republikaner anzurufen. Galaus Nummer stand im Telefonbuch und schon hatte ich ihn an der Strippe.

Andreas war sehr nett und gab mir bereitwillig Auskunft. Ich fragte ihn, ob er mir die Partei ein bißchen näher beschreiben könne.

»Klar. Die Republikaner haben sich 1983 in Bayern gegründet und verstehen sich als ein Sammelbecken für Enttäuschte der Altparteien. Rate mal, wieviel Prozent sie bei der bayerischen Landtagswahl bekommen haben«, fragte er mich.

»1%?«

»Nein«, lachte Galau, »3%. Es gab lokale Spitzenergebnisse von bis zu 46,8% wie beispielsweise im oberfränkischen Troschenreuth.« Diese Prozentangabe erschien mir ein wenig hochgegriffen, aber ich sagte nichts dazu. Mit Andreas Galau wollte ich es mir nicht verderben, schließlich war er mein erster Republikaner. Ich fragte ihn, wo ich denn Informationsmaterial herbekäme.

»Das ist ganz einfach. In Berlin sind wir zwar noch nicht gegründet, aber wir haben einen Berlin-Beauftragten, Professor Doktor Klaus Weinschenk, ehemaliger niedersächsischer SPD-Ratsherr. Melde dich doch mal bei dem.«

Was Galau gesagt hatte, hörte sich ganz seriös an. Auch die Ziele der Republikaner gefielen mir. Die Partei bekannte sich zur freiheitlich-demokratischen Grundordnung und wollte sich für die innere Sicherheit einsetzen. Besonders begeisterte mich, daß die Republikaner die Einheit Deutschlands anstrebten. Fast jeder, der heute »Einigkeit und Recht und Freiheit für das deutsche Vaterland« verlangt, wird als Neonazi oder Revanchist eingestuft. Das nervte mich schon seit langem.

Warum ich für die Einheit Deutschlands bin? Das hat sicherlich damit zu tun, daß ich so nah an der Mauer aufgewachsen bin und nicht einsehen konnte, warum die jüngeren Generationen unter der Schuld der Väter leiden sollten, die sich in dieser Mauer symbolisiert. Meine Mutter kommt aus der DDR und ich hab' Freunde drüben, mit denen ich in Briefkontakt stehe. Wir teilen viele Interessen, haben ähnliche Vorstellungen, Gedanken, Wünsche und mir fällt es schwer, zu akzeptieren, daß es so schwierig ist, sich zu treffen und vor allem, daß sie mich nicht besuchen können. Es ist ja nicht so, daß die Menschen, die ich in der DDR kenne, alle gern im Westen leben möchten. Auch sie sind mit dem Ort verbunden, an dem sie aufgewachsen sind und leben und natürlich auch mit den Menschen in ihrer Umgebung. Aber soweit ich gehört habe, kämen die meisten doch auch gerne in den Genuß bürgerlicher Freiheiten, die wir hier im Westen als selbstverständlich empfinden, zum Beispiel das Recht auf freie Meinungsäußerung.

Aber zurück zu den Republikanern. Zusätzlich für

sie sprach, daß sie eine junge Partei waren. Eine Partei, in der es noch nicht um Macht und Geld gehen konnte, da weder das eine noch das andere vorhanden war. Hier schien es Platz zu geben für Leute, die in einer Partei arbeiten wollen, nur um ihre politischen Vorstellungen zu verwirklichen. Leute, die hart arbeiten würden, ohne Geld oder Posten zu verlangen. Leute, denen es nicht genügte, Ideen und Ideale zu haben, sondern die auch was für ihre Ziele tun wollten.

Diese Vorstellung von meiner zukünftigen Parteiarbeit stimmte mich fröhlich. Ich rief gleich bei dem Berlin-Beauftragten Weinschenk an und sagte ihm, daß ich mit dem Gedanken spiele, Mitglied zu werden. Weinschenk antwortete: »Na, dann müssen Sie gleich zu unserer nächsten Veranstaltung kommen, damit Sie uns sozusagen hautnah erleben. Das wäre am 5. September 1987. Gründung des Landesverbandes Berlin. Allerdings, überlege ich mir gerade, weiß ich nicht, ob diese Zusammenkunft das Richtige für Sie ist. Da finden ja nur Wahlen statt. Vielleicht wäre es besser, Sie sehen sich unseren Haufen etwas später an. Überlegen Sie es sich.«

2. Kapitel

FÜNFZIG AUF EINEN STREICH

Mein Eintritt in die Partei und erste politische Erfahrungen

Es war ein Sonntag im September, als ich dem ersten Republikaner begegnete. Um 9 Uhr früh war ich mit Andreas Galau verabredet. Pünktlich klingelte er an unserer Haustür. Ein etwa zwanzigjähriger Mann, ganz gut angezogen, nicht weiter auffällig, sympathisch. In seinem Golf fuhren wir gemeinsam nach Rudow. Dort sollte im Gemeinschaftsheim einer Laubenkolonie der Kreisverband Süd gegründet werden. Andreas erklärte mir während der Fahrt die Struktur des neugegründeten Landesverbandes Berlin. Professor Weinschenk war Landesvorsitzender, Dr. Otto Wenzel, ehemaliger Volksbildungsstadtrat in Berlin-Wedding, sein Stellvertreter. Den Landesverband hatte man in die fünf Kreise West, Süd-West, Süd, City und Nord untergliedert, die sich nun gründen sollten. Als wir in Rudow ankamen, ließen wir das Auto auf einem Parkplatz stehen und gingen durch die ruhige Laubenkolonie bis zu dem Gemeinschaftsheim, in dem die Veranstaltung der Republikaner stattfinden sollte. Zögernd betrat ich den Raum. Irgendwie fühlte ich mich auf einmal unsicher. Was waren das für Leute, die sich hier trafen? Ich blickte auf die im Raum versammelten Mitstreiter. Viele waren es nicht, höchstens fünfzehn Mitglieder. Andreas und ich setzten uns zu den anderen an die Holztische. Ein großer, kahler Raum war das, in dem ich mir ziemlich verloren vorkam und vor allem fremd. Alle redeten miteinander, schienen sich gut zu kennen. Ich war wohl die einzige Neue. Sie sprachen über Themen, die mir nichts sagten. Sie machten sich lustig über abwesende Mitglieder oder sprachen von REP-Veranstaltungen. Da ich sowieso nicht mitreden konnte, sah ich mir die Leute genauer an. Außer mir waren es ungefähr 14 Männer und eine Frau. Das war schon komisch. Bei der SPD und der AL lag der Männeranteil kaum über dem der Frauen. Die REP hingegen schienen ein richtiger Männerverein zu sein. Das mußte irgendwie an ihrem Programm liegen. Zu dem Zeitpunkt, als ich mich nach dem Grund des Frauenmangels bei den Republikanern fragte, kannte ich ihr Programm noch nicht. Später wurde mir klar, daß die Frauenpolitik der Republikaner nicht den Interessen einer selbstbewußten Frau entsprach.

Sie billigen Frauen zwar eine Berufsausbildung zu, um so deren Selbstwertgefühl zu erhöhen, lehnen andererseits aber die Berufstätigkeit einer Mutter völlig ab. Die Frau könne, sobald die Kinder erwachsen sind, wieder anfangen zu arbeiten. Jede Frau weiß, daß ihr eine Berufsausbildung überhaupt nicht hilft, wenn sie jahrelang nicht in ihrem Beruf tätig ist. Mit der Frauenpolitik der Republikaner wird die Frau letztendlich wieder an den Herd zurückversetzt.

Die Frauenpolitik der Republikaner bedurfte einer Veränderung, das war klar. Irgendwie schaffte ich es nicht, mich energisch genug für die Änderung des Programms an dieser Stelle einzusetzen, weil es ständig irgendwelche Probleme in der Partei gab, die schnell gelöst werden mußten, so daß keine Zeit für inhaltliche Fragen blieb. Aber das kam erst viel später. Ich betrachtete also weiter die Mitglieder. Die Altersstruktur war gemischt, aber ob jung oder alt, sie waren alle gut gekleidet, die meisten hatten sogar einen Anzug an.

Endlich eröffnete Weinschenk die Veranstaltung. Inhaltlich wurde mir nicht viel deutlich, da es hauptsächlich um die Gründung des Kreisverbandes und die Besetzung der einzelnen Posten ging. Alle Kandidaten wurden ohne Gegenstimme gewählt, schließlich war man froh, daß man die einzelnen Funktionen trotz der wenigen Mitglieder überhaupt besetzen konnte. Ich selbst war nur Gast und hatte kein Stimmrecht. Aber das war auch egal, denn ich hatte sowieso keine Ahnung, was sich hinter Ämtern wie zum Beispiel einem Beisitzer verbarg.

Am Ende der Zusammenkunft erhoben sich alle, um gemeinsam das Deutschlandlied zu singen. Das betonte noch einmal das Streben der Republikaner nach »Einigkeit und Recht und Freiheit für das deutsche Vaterland«. Damit war der offizielle Teil der Veranstaltung beendet. Der stellvertretende Landesvorsitzende Wenzel kam auf Galau und mich zu. Galau stellte uns vor. Wenzel fragte, ob ich noch zur Schule ginge und was ich nach der Schule machen wolle. Er erzählte mir, daß sein Sohn Medizin studiere. Dazu hatte ich auch Lust und Wenzel wollte mir gegebenenfalls ein Praktikum vermitteln. Wenzel gefiel mir sehr gut. Er hatte so eine ruhige, besonnene Art.

Mit einigen anderen sprachen wir auch noch. Mein Hintergrundwissen über die Republikaner und das freundschaftliche Verhältnis der Mitglieder untereinander, gaben mir die Gewißheit, daß ich in dieser Partei richtig aufgehoben war.

Noch auf der Veranstaltung bat ich um einen Aufnahmeantrag, den ich bald ausfüllte.

Mein erster Antrag ist auf dem Weg von den Berliner REPs zur Bundesgeschäftsstelle München verlorengegangen. Ich wartete viele Wochen, ohne Mitgliedsausweis wurde ich nicht zu den Veranstaltungen eingeladen und hatte auch kein innerparteiliches Wahlrecht. Irgendwann rief ich Weinschenk an und beschwerte mich. Er riet mir, einen neuen Antrag auszufüllen. Das fing ja gut an! Zwei Wochen später bekam ich dann meinen langersehnten Parteiausweis. Mein Mitgliedsbeitrag lag als Schülerin bei 5,– DM.

Die Berliner Republikaner lernte ich alle schnell kennen. Kein Problem, bei den paar Leuten. Hundert Mitglieder zu haben, war damals noch ein Traum. Bei Veranstaltungen, zu denen Weinschenk immer per Rundbrief einlud, war fast immer die Teilnahme aller Parteimitglieder erwünscht. Zuerst fand ich ziemlich blöd, daß wir uns immer in irgendwelchen Lokalen treffen mußten, aber wir hatten nun mal kein Geld für eigene Räume. Gezwungenermaßen mußten wir unseren Treffpunkt häufig wechseln, da fremde Räume ja nicht immer zur Verfügung stehen. Aber Weinschenk erklärte, daß wir auf diese Weise vor unliebsamen Gästen, »Politchaoten« wie er sie nannte, geschützt seien. Für Nicht-Parteimitglieder war es schwierig, den Treffpunkt der Republikaner, der meist erst wenige Tage vor der Veranstaltung bekanntgegeben wurde, herauszubekommen.

Unter »Politchaoten« konnte ich mir wenig vorstellen. Weinschenk sagte, diese Leute seien brutal und skrupellos und würden alles und jeden zusammenschlagen. Na, sonderlich scharf war ich nicht gerade darauf, mit solchen »Gästen« Bekanntschaft zu machen.

Bei den Treffen kam es dann aber doch nie zu Zwischenfällen. Weinschenk wetterte gegen die Altparteien: denen hätten wir eine unsoziale Steuerreform, die überzogene finanzielle Versorgung für Asylbewerber und die Akzeptanz der deutschen Teilung zu verdanken. Aus diesem Grunde hätten die Bürger das Vertrauen in die Altparteien verloren und wären den Republikanern positiv gesonnen. Aber, soviel Sympathie uns auch von Seiten des Bürgers entgegenschlagen sollte, von der Presse hätten wir keine Gnade zu erwarten. Die würde uns mit allen Mitteln bekämpfen. Ohne Hilfe der Medien war es natürlich schwer, bekannt zu werden. Und um neue Mitglieder zu bekommen, muß man natürlich einen gewissen Bekanntheitsgrad haben. Weinschenk ermahnte uns, Mitglieder zu werben, damit wir nicht zum Status einer Sekte abrutschten. Ich fragte mich, warum er von Abrutschen sprach, denn vielmehr als eine Sekte waren wir wirklich nicht. Unser großes Ziel war es, bis Weihnachten 1987 eine Mitgliederzahl von hundert zu erreichen. So warben wir fleißig, steckten Informationsmaterial in die Hausbriefkästen und verteilten Flugblätter an den Informationsständen. Die Briefkastenverteilaktionen verliefen immer sehr ruhig, nur selten begegneten wir da Leuten. An den Informationsständen war schon mehr los. Die Leute waren meist sehr interessiert und uns gegenüber aufgeschlossen. Obwohl uns bis dahin noch niemand angegriffen hatte, saß mir die Angst vor den Politchaoten bei diesen Aktionen im Nacken. Schließlich konnten diese rücksichtslosen Typen jederzeit auftauchen und uns angreifen. Einige Bürger waren der Meinung, daß so eine kleine Partei doch keinen Sinn hätte, andere bewunderten unseren Mut, gegen die Altparteien anzutreten.

Eine Dame versprach uns gleich ihre Stimme für die

nächste Wahl: »Das letzte Mal habe ich AL (Alternative Liste) gewählt, aber bei dieser Wahl gebe ich euch mal eine Chance. Hauptsache, meine Stimme geht an eine neue Partei, denn die Etablierten machen wirklich nur Mist. Die brauchen dringend einen Denkzettel.«

Ein älterer Herr war von den Republikanern gar nicht begeistert. Mit finsterer Miene, Kaiser-Wilhelm-Bart, Krückstock und zielstrebigem Schritt kam er auf uns zu. Empört stampfte er mit dem Krückstock auf: »Wer seid ihr? Die Republikaner? Ich bin für keine Republik. Da gibt es nur Streit. Ich will wieder einen Kaiser haben. Da wissen wenigstens alle, wo es lang geht! So Kinder, nun geht mal nach Hause. Das ist doch Unsinn, was ihr hier macht.« Kopfschüttelnd ging er weiter, als wir ihm erklären wollten, daß die Republikaner eine Partei sind.

Einige Amerikaner waren richtig glücklich, als sie uns sahen. Sie waren vom Engagement ihrer Partei entzückt, das sogar vor Europa nicht halt zu machen schien. Sie fühlten sich an unserem Stand gleich wie zu Hause. Ich glaube, mir würde es ähnlich gehen, wenn ich in einer kleinen Einkaufsstraße von New York einen Informationsstand einer heimatlichen Partei vorfinden würde. Wie dem auch sei: Es kostete uns viel Geduld und Nervenkraft, den Amerikanern zu erklären, daß die deutsche Partei ›Die Republikaner‹, die erst seit 1983 existierte und noch nie an einer Berliner Wahl teilgenommen hatte, nichts mit der 1854 gegründeten ›Republikanischen Partei‹, die überwiegend die Präsidenten der USA stellte, zu tun hat. – Schließlich gaben wir es auf.

Alles in allem war die Reaktion der Bevölkerung freundlich oder zumindest nicht ablehnend. Leider konnten wir nicht regelmäßig Flugblattaktionen oder

Informationsstände veranstalten. Uns fehlte nämlich manches Mal einfach das Material. In der Parteikasse war fast immer Ebbe, so daß die Mitglieder die Flugblätter selbst finanzieren mußten. Bei der geringen Mitgliederzahl war der Geldmangel schließlich kein Wunder. Und wer spendet etwas für eine Partei, die keiner kennt? War schon komisch, auch noch dafür zahlen zu müssen, daß ich für die Partei arbeitete. So ging mein mit Nachhilfestunden verdientes Geld immer drauf für Flugblätter. 500 Stück kosteten ungefähr 60,– DM. Das fand ich ganz schön teuer. Und es fiel mir nicht immer leicht, auf eine hübsche Bluse oder aufs Kino zu verzichten. Irgendwie bekamen wir das Geld für die Flugblätter aber immer zusammen. Nur bei der Anschaffung eines Informationsstandes wurde es schwierig, denn der kam – inklusive ›Republikaner‹-Schirm – auf stolze 350,– DM. Man mußte also lange sparen und wurde von den anderen komisch angesehen, weil man in der Zeit ja kein Geld für Flugblätter hatte.

Einer von uns kam auf die Idee, das republikanische Gedankengut im Fernsehen zu verbreiten. Im Berliner Fernsehen gibt es einen Sender namens »Offener Kanal«, in dem die Bürger Sendungen anmelden und ihr eigenes Fernsehprogramm machen können. Nicht schlecht, der Vorschlag. Wenn wir nicht unseren Parteinamen nannten und einfach nur als Privatleute auftraten, ja genau – das war's. So 'ne Art Wolf im Schafspelz. Das gefiel mir. Denn natürlich glaubte ich noch an das Gute im Wolf.

Zu fünft überlegten wir, wie wir die Sendung gestalten könnten. Vier Leute sollten miteinander über ein bestimmtes Thema diskutieren, während der fünfte, der hauptberuflich Regisseur war, den Ablauf der Sendung plante und filmte. Und das Thema? Wir entschieden uns dafür, über die Verarmung der deutschen Sprache zu sprechen.

Nach der Sendung, bekamen wir viele positive Anrufe und sogar mehrere Berliner Gymnasien zeigten großes Interesse. – Na ja, wer weiß, wie's gewesen wär, wenn die Anrufer gewußt hätten, daß es sich um eine Sendung der Berliner Republikaner handelte.

Unsere zweite Sendung beschäftigte sich mit Tugenden. Wir sprachen darüber, was Tugenden sind, welche Tugenden es gibt, welche Bedeutung sie haben und ob Jugendliche etwas anderes unter Tugenden verstehen, als die ältere Generation.

Weitere Fernsehauftritte verliefen irgendwie im Sande. Inzwischen lag Weihnachten 1987 hinter uns und auch unsere Illusion, eine Mitgliederzahl von hundert zu erreichen.

Bernhard Andres (späterer Landesvorsitzender), der nach CDU und FDP bei den Republikanern gelandet war, schlug einen großen Parteiball vor. So eine Veranstaltung hätte jede Partei, und auch die Republikaner seien ohne diese Attraktion arm dran. – Das sahen wir ein. Der zögernde Landesvorstand willigte unter der Maßgabe ein, daß dieser Ball keinen Verlust machen dürfe. Andres war empört: »Was, Verlust? Gewinn, liebe Parteifreunde, Gewinn! Durch diesen Ball werden die Republikaner ganz groß.«

Emsig übernahm Andres die Organisation des Balles. Er verkaufte die Karte für 50,– DM, versprach dem zögernden Parteifreund dafür auch eine super Atmosphäre sowie ein kaltes Buffet. Endlich waren fast alle 400 Karten verkauft.

Der Balltag näherte sich. Am 12. Februar 1988 wurde ich frühmorgens vom Telefon aus dem Bett geklingelt. Andres war dran. Eine Demonstration gegen unseren Ball sei angesagt. Aber, ich sollte mir keine Sorgen machen, er hätte schon Busse gechartert. Die würden Ballbesucher sicher an den Veranstaltungsort nach Mariendorf bringen.

Mir wurde gleich doppelt schlecht: zum einen, als ich mir die Demonstration vorstellte. Ich sah sie direkt vor mir: hunderte von vermummten, steinewerfenden Chaoten, die vor nichts haltmachen, Autos umkippen und in Brand setzen und Geschäfte plündern.

Zum anderen wurde mir schwummerig, als ich über die Kosten für die gemieteten Busse nachdachte. Sollte ich meine Freundin, die mich zum Ball begleiten wollte, anrufen und sie vor der Demonstration warnen? Ach Quatsch! Sollte sie sich doch auf den Ball freuen. Reichte ja, wenn ich nervös war.

So tauchte die Ahnungslose im himmelblauen bodenlangen Gewand am Abend bei mir auf. Für sportliche Einsätze bei einer eventuellen Flucht schien mir ihre Kostümierung nicht gerade geeignet. Dennoch wollte ich von den gemieteten Bussen lieber keinen Gebrauch machen. Ich dachte mir, wenn die Demonstranten mitkriegen, daß die Busse mit Republikanern vollgeladen sind, greifen sie bestimmt diese an. Schließlich hätten sie dann fünfzig Republikaner auf einen Streich.

Also fuhren wir mit dem Auto in die Nähe der Veranstaltung und legten den Rest des Weges zu Fuß zurück. Wie schon erwähnt, schafften wir es dann, zur richtigen Zeit an der richtigen Stelle zu sein, um genau mitten in die Demonstration hineinzugeraten. Ängstlich gingen wir mit dem Demonstrationszug mit, setzten uns aber möglichst bald in Richtung Ball ab.

Als ich den Ballsaal betrat, war ich mit den Nerven

ziemlich am Ende. Die anderen Parteimitglieder wirkten fröhlich und entspannt. Ich fragte natürlich: »Na, wie seid ihr hergekommen? Hat das mit den Bussen funktioniert?«

»Ja, die Idee war sehr gut. Die Polizei hat durch Lautsprecher angesagt, daß der letzte Republikaner-Bus zum Veranstaltungsort abgefahren sei, als grade der erste sicher angekommen war. Die Chaoten sind dann ganz deprimiert weitergezogen und unsere Busse konnten unbehelligt fahren.«

Also gut, erst mal ran das Buffet. Es gab jede Menge Suppen, Fleisch, Salate, ein richtiges Ritterbuffet, wie Andres es nannte. Für die REP-Ritter. Viel geredet wurde nicht, wer nicht aß, tanzte. Das Repertoire reichte von Traditionals wie »An der schönen blauen Donau« bis hin zum modernen Disco-Sound.

Sogar eine Tombola gab es. Meine Freundin und ich kauften je ein Los, aber es waren leider Nieten. Da hatte die Frau des Parteifreundes Andres schon mehr Glück: Sie zog den Hauptgewinn – eine schöne Reise für zwei Personen.

Gegen Ende des Abends befand sich Andres – trotz mehrerer tausend Mark Verlust – in euphorischer Stimmung und Geberlaune. Bei der Tombola waren noch einige Gewinne übriggeblieben. Wahllos griff Andres in die aufgebauten Türme von Gewinnen und schenkte meiner Freundin einen Republikaner-Bierkrug und mir ein Schönhuber-Buch.

Mit Ausnahme der Demonstranten hatte niemand von unserem Ball Notiz genommen.

In der Zeit darauf waren wir mit dem Entwurf eines Berlin-Programmes beschäftigt. Der stellvertretende Landesvorsitzende Dr. Otto Wenzel verteilte ein Papier, in dem er die Programmpunkte schon grob skizziert hatte. Die einzelnen Kreisverbände diskutierten auf mehreren Sitzungen über diesen Vorschlag, machten Anmerkungen, oder veränderten irgend etwas, so daß von jedem Kreisverband ein neuer Vorschlag eingereicht wurde. Über die fünf eingereichten Papiere entschied dann der Landesvorstand. Leider hörte man bis zum Berliner Landesparteitag nichts mehr von diesem Programm, an dem ich gerne weiter mitgearbeitet hätte.

3. Kapitel

WIR WOLLEN EIN ZIEL

Die Partei formiert sich

Im April 1988 wurde ich in den Kreisvorstand aufgenommen. Zu dieser Zeit richteten wir auch gerade unsere Spandauer Geschäftsstelle ein. Wir hatten eine kleine Altbauwohnung gemietet, ziemlich heruntergekommen. War ganz schön viel Arbeit: renovieren, ausmisten, Decke streichen, Wände ausbessern, tapezieren, Teppichboden verlegen. Nach einigen Wochen sah's ganz passabel aus. Mehrere Parteifreunde schleppten noch Tische, Schränke, Regale, Stühle und sogar eine Couch an, so daß es in unserer Geschäftsstelle richtig gemütlich wurde.

Die Mitglieder des Spandauer Kreisvorstandes waren total stolz darauf, zumal es die erste Einrichtung dieser Art der Republikaner in Berlin war. Der Landesvorstand hatte nämlich auf eine Landesgeschäftsstelle aus Kostengründen verzichtet. Wir wußten zwar auch noch nicht, wie wir die geringe Miete aufbringen sollten, aber kommt Zeit, kommt Spende, hofften wir. Über die Finanzierung zerbrachen wir uns nicht weiter den Kopf. Etwas anderes machte mir Sorgen. Durch das Büro waren wir von unseren Gegnern leichter angreifbar. Es war ausgesprochen blöd, daß unsere Geschäftsstelle im Erdgeschoß lag. Wie leicht konnte man die Scheiben einwerfen. Das Bild, das Weinschenk von den »Politchaoten« zeichnete, war nicht gerade rosig:

»Skrupellos und brutal«. Na, das konnte ja amüsant werden, wenn diese Typen unsere Adresse herausbekämen.

In der folgenden Zeit habe ich viel über die politische Arbeit gelernt. Um in der Politik eine Chance zu haben, muß man auf jeder noch so kleinen Veranstaltung anwesend sein. Am besten ist es, wenn man als Erster kommt und als Letzter geht. Nur dann ist man über nahezu alle Abmachungen informiert.

Es ist außerordentlich wichtig, stundenlang mit den Mitgliedern zusammenzusitzen, sich die Probleme anzuhören, die Alltag, Ehe, Familie, Schule, Arbeitsplatz so mit sich bringen. Erst dann wird einem Einsatzbereitschaft, die häufig mit einer gewissen Trinkfestigkeit gleichgesetzt wird, zugesichert. Ach ja, die Parteifreunde hatten eben so ihre eigene Vorstellung von effizienter Parteiarbeit. Viel hatten wir am Anfang in der Partei nicht zu tun. Nach dem Grundsatz: »Die Altparteien haben versagt, die Republikaner werden alles besser machen«, warben wir für unsere Partei. Politische Verantwortung im Sinne von Mandaten hatten wir ja noch nicht.

Ich erinnere mich an die Zeit, als einige von uns sonnabends Telefondienst in der Geschäftsstelle machten. Wir saßen da, fixierten das Telefon und langweilten uns. So ein Mist, dachte ich, jetzt sitze ich hier rum und verplempere meine Zeit. Wär vielleicht besser, mal was für mein Abitur zu tun. Aber mit solchen Gedanken versuchte ich nur mich zu beruhigen. Denn die Schule hatte ich wegen meiner Aktivitäten für die Republikaner schon ganz schön vernachlässigt. Schließlich kochten wir Kaffee, etwas mußte man einfach tun. Plötzlich klingelte das Telefon.

»Die Republikaner, Kreisgeschäftsstelle. Guten Tag.«

»Ach, hallo! Na, wie kommt ihr klar? Wie viele haben denn schon angerufen?«

»Keiner weiter.«

»Was, noch keiner? Ist ja wirklich 'n Ding. Vielleicht komme ich nachher noch mal rum. Tschüß.« Ein Partei-Freund.

Es war ernüchternd. Manchmal fragte man sich wirklich: Wofür das alles? Uns würde doch keiner wählen. Gegenseitig richteten wir uns dann wieder auf. Es war banal, aber verlieren konnten wir nicht, nur gewinnen.

Auf den Versammlungen redete Weinschenk immer noch davon, daß wir viel zu wenig Mitglieder seien. Das müsse sich schnell ändern, sonst könnten wir die ganze Sache sowieso vergessen.

Am Dienstag, den 21. Juni 1988 fand eine Landesmitgliederversammlung in Berlin-Tempelhof statt. Landesmitgliederversammlung bedeutete nichts anderes, als daß wir noch keine Delegierten hatten. Auf diese Weise konnte jedes einzelne Mitglied mitbestimmen, wie das Programm der Partei aussehen sollte, wer gewählt wurde und so weiter.

Die Versammelten in Tempelhof sollten unter anderem darüber entscheiden, ob die Republikaner zur Wahl antreten oder nicht. Der Landesvorstand sprach sich gegen einen Wahlantritt aus. »Wir haben nicht das Geld, um einen richtigen Wahlkampf zu führen. Und was ist ein Produkt, ohne die entsprechende Werbung?« gab Weinschenk zu bedenken. Die Parteimitglieder unterbrachen ihn buhend. »Wofür arbeiten wir denn, wenn nicht für die Wahl?« brüllten einige jüngere Parteifreunde. Es entbrannte eine wilde Diskussion. Weinschenk, inzwischen ziemlich wütend, weil man ihm widersprach, schimpfte: »Euer Benehmen, liebe Parteifreunde, ist wirklich das letzte. Ein bißchen mehr Disziplin kann ich ja wohl erwarten.«

Nun wurden wir richtig sauer. Was erlaubte sich Weinschenk eigentlich? Wie konnte er es wagen, in so einem Oberlehrerton mit uns zu sprechen? Schließlich war er gewählt worden, um unsere Interessen zu vertreten und nicht, um uns zu erziehen.

»Wir wollen ein Ziel!« schrie ein Mitglied in die Menge.

Ein älterer Herr, den ich bis dato noch nicht kannte, wetterte: »Ihr könnt doch so nicht mit dem Herrn Professor sprechen. Wir müssen froh und dankbar sein, daß wir einen Professor als Landesvorsitzenden haben.« Der Typ war anscheinend Professorenfetischist.

Sicher hätte man ruhiger miteinander reden können. Klar, daß es schwierig war, bei unserer Finanzlage einen guten Wahlkampf zu führen. Eine Niederlage wollten wir uns nicht leisten. Denn eine Partei, die 0,1 Prozent bekommt, wird nirgendwo anerkannt.

Aber auch die Mitglieder mußte man verstehen. Sie hatten sich als Ziel die Wahl 1989 gesetzt und waren natürlich nicht begeistert, wenn dieses Ziel einfach beiseite geschoben wurde. Die ganze Parteiarbeit erschien ihnen nun als sinnlos.

Ich persönlich plädierte für einen Wahlantritt. Schon die Tatsache, daß wir dadurch auf dem Wahlzettel erschienen, war ein nicht zu unterschätzender Werbeeffekt. Uns zeichnete die Wahlteilnahme doch erst richtig als Partei aus. Oder sollte ich dem Bürger sagen: »Wir sind zwar eine Partei, aber uns wählen? Nein, das können Sie nicht.«

Endlich kam es zur öffentlichen Abstimmung: Mit

Ausnahme des Landesvorstandes stimmten alle Mitglieder für einen Wahlantritt. – Jubel im Raum. Wir hatten gesiegt! Aber was sollte das heißen, wir hatten gesiegt? Saßen wir, das heißt, der Landesvorstand und die Mitglieder nicht alle im selben Boot? Wie war es nur möglich, daß wir uns in der Diskussion so feindlich gegenübergestanden waren? Ich wollte mit den Parteifreunden darüber reden, aber die sahen keine Veranlassung dazu. Weinschenk war sichtlich in seiner Eitelkeit gekränkt. Er machte deutlich, daß noch der Bundesvorstand über unsere Wahlteilnahme entscheiden müsse, und er, Weinschenk, könne jedenfalls nicht guten Gewissens zu einer Wahlteilnahme raten. Aber, wenn wir uns schon unbedingt durchsetzen müßten, sollten wir sehen, wie wir das Geld für den Wahlkampf zusammenbekämen.

Spontan fand eine Spendenaktion statt, die 5000,– DM einbrachte. Wir wußten alle, wenn wir zusammenhielten, würden wir auch Erfolg haben. Nur Weinschenk, der hatte sich die Sympathie der Mitglieder verscherzt.

Einen Tag nach der Landesmitgliederversammlung, am 22. 6. 88, verfaßte Weinschenk einen Rundbrief, in dem er »erfreut« berichtete, »daß sich die gestrige Landesmitgliederversammlung nahezu einstimmig dafür ausgesprochen hat, daß die Republikaner am 29. 1. 89 zu den Wahlen zum Abgeordnetenhaus antreten sollen.« Außerdem nannte er in dem Brief Bedingungen, die für die Wahlteilnahme unabdingbar wären:

- Ca. 4000 (Unterstützungs-)Unterschriften stimmberechtigter Bürger
- Ca. 50 vorzeigbare Kandidaten für das Abgeordnetenhaus und die Bezirksverordnetenversammlungen, die Eigenkapital investieren wollten

- 100,– DM Sonderspende von jedem Parteifreund
- Verpflichtung aller Parteifreunde zum Dauereinsatz während des Wahlkampfes
- Hervorragende Überzeugungsarbeit, wo immer sie möglich ist, um weitere Mitglieder zu werben. Motto: »Berlin braucht die Republikaner, die Republikaner (im Bundesgebiet!) brauchen Berlin!«

Ich konnte gar nicht fassen, was ich da eben gelesen hatte und studierte den Brief ein zweites Mal. Es war mir unverständlich, wie schnell Weinschenk seine Meinung geändert hatte. In diesem Brief forderte er sogar den unbedingten Einsatz aller Parteifreunde mit dem Slogan: »Jetzt erst recht: Trotzdem! Auf in den Wahlkampf!« Der Brief versetzte die Mitglieder in Kampfesstimmung, besonders durch die folgenden Sätze: »Unsere Feinde (aufgehetzte verhaltensgestörte Polit-Kriminelle) werden versuchen, uns (vor allem die Funktionsträger) zu terrorisieren. Unsere »ehrenwerten« Gegner werden alle (zum Teil höchst un-)demokratische Mittel einsetzen, um uns ins Abseits zu drängen; die unfairen, zum Teil abhängigen Massenmedien werden uns totschweigen!«

Weinschenk schien also vom Wahlantritt überzeugt zu sein. Sicherlich würde er sich nun auch beim Bundesvorstand dafür einsetzen, daß dieser dem Wahlantritt zustimmte.

Wenig später bekamen die Parteimitglieder schon wieder Post von Weinschenk. Es handelte sich um den Rundbrief vom 10. Juli 1988. Der Landesvorsitzende teilte in diesem Brief seinen Rücktritt sowie den zweier weiterer Landesvorstandsmitglieder zum 14. Juli 1988 mit. Er begründete diesen Schritt damit, daß er den Beschluß zum Wahlantritt nicht mittragen könne. Die Genannten traten dann auch aus der Partei aus.

Viele Parteifreunde waren über Weinschenks Verhalten erstaunt. Das Staunen wich aber bald einer gewissen Unsicherheit, die durch die Parteiaustritte entstanden war. Bernhard Andres beruhigte die Mitglieder damit, daß uns zwar ein personeller, nicht aber ein ideeller Schaden entstanden sei. Er hatte zweifellos recht.

Wir beschlossen einen Landesparteitag am 20. August 1988 im ICC-Berlin abzuhalten, um die entstandenen Lücken zu füllen. An diesem Parteitag nahmen erstmalig nicht alle Mitglieder, sondern nur Delegierte teil. Gespannt warteten wir, welche Veränderungen der 20. August für uns bringen würde. – Selbst Franz Schönhuber, der Bundesvorsitzende der Partei, hatte sich angesagt.

Vierzehn Tage vor dem Parteitag bat mich der Landesvorstand, daß ich als stellvertretende Landesvorsitzende kandidieren sollte. Natürlich war ich erfreut, daß der Vorstand mir soviel Vertrauen entgegenbrachte, aber trotzdem zögerte ich zu kandidieren. Schließlich ist die Funktion einer stellvertretenden Landesvorsitzenden mit viel Verantwortung verbunden. Außerdem war ich für so eine Position noch sehr jung. Aber vielleicht war das gar nicht so schlecht. Mit meinem jugendlichen Idealismus traute ich mich eher neue Wege zu gehen, als die erfahrenen Älteren.

Ich war noch nicht in so ein Denkschema eingepaßt, wie die, die schon vorher in Parteien aktiv waren. Auf diese Weise würde ich an vieles kreativer herangehen. Und das war wichtig. Denn eine neue Partei muß kreativ sein und neue Wege gehen, wenn sie sich durchsetzen will. Ein junger Mensch mit an der Spitze einer jungen Partei würde genau das Richtige sein. Ich entschloß mich zu kandidieren.

Kurz vor dem Parteitag wurde bekannt, daß gegen uns eine Demonstration angesagt war. Sofort hatte ich wieder die Demonstration vor Augen, die gegen den Ball der Republikaner stattgefunden hatte, und bekam Angst. Die Polizei versicherte aber, daß sie das Gelände weiträumig absperren würde. Außerdem würde in wenigen Tagen der Internationale Währungsfond im ICC zu Gast sein und wenn sie den schützen konnten, konnten sie uns auch schützen.

Trotzdem war mir am Morgen des 20. August 1988 ziemlich mulmig. Als ich zum ICC fuhr, mußte ich mich erst als Republikanerin ausweisen, ehe mich die Polizei durchließ. Die Sicherheitskontrollen schienen also zu funktionieren. Irgendwie war es schon unheimlich, daß das ICC, an dem sonst jede Menge Autos vorbeikamen, an diesem Tag von leeren Straßen umgeben war. »Die Ruhe vor dem Sturm«, schoß es mir durch den Kopf. Aber diesen Gedanken verwarf ich gleich wieder, als ich im ICC meine Parteifreunde traf.

Der Parteitag wurde eröffnet. Andres hielt eine Rede, in der er deutlich machte, daß die Bürger das Vertrauen in die Altparteien verloren hätten. Er warf ihnen vor, daß besetzte Häuser mit Steuergeldern finanziert und legalisiert würden.

Mich ärgerte die Tendenz dieses Vorwurfs. Tatsächlich gab es doch eine objektive Wohnungsnot. Müßte nicht zuerst die verfehlte Wohnraumpolitik korrigiert werden, bevor gegen die Besetzung von Häusern polemisiert wird?

Dann sprach er über die überzogene finanzielle Versorgung für Asylbewerber. Sie müßte zwangsläufig zu einer Entfremdung zwischen der arbeitenden Bevölkerung und den verantwortlichen Regierungsparteien führen. Außerdem könnten und würden die Republikaner nicht zusehen, wenn Autonome und Terroristen mit Gewalt die mehr als 750 Jahre alte Stadt Berlin zerstörten oder zu ihrem Spielball machen wollten. Dabei schien er die Kriege, vor allem den ersten und zweiten Weltkrieg völlig vergessen zu haben. Aber auch die zerstörerische Sanierungspolitik der 50er und 60er Jahre, als viele erhaltenswerte Gebäude vernichtet worden waren.

Schönhuber forderte in seiner Rede lebenslange Haft ohne vorzeitige Begnadigung für Kindesentführer, Großdealer und Polizistenmörder. Ich überlegte mir, ob Polizisten wohl Menschen erster und die anderen Bürger Menschen zweiter Klasse seien. Das durfte doch nicht wahr sein. Aber mit den Großdealern, da hatte er schon recht. Dann kündigte der Bundesvorsitzende die Beteiligung der Republikaner an der Europawahl an.

Für ihre Reden erhielten Schönhuber und Andres den stürmischen Beifall der Delegierten. Auch ich applaudierte, trotz meiner Bedenken, zu manchem, was sie gesagt hatten.

Wahrscheinlich versuchte Andres, den Bundesvorsitzenden nachzuahmen, dessen Reden immer mit plastischen Beispielen garniert sind. Bei Andres freilich wirkten die Bilder, die er mit schwülstigen Worten ausmalte, wie billige Effekthascherei.

Dann die Wahl des Landesvorstands: Ich zitterte schon ein wenig. Viele Delegierte hatte ich in den letzten Wochen davon zu überzeugen versucht, daß sie Andres wählen sollten. Das hatte ich nicht getan, weil ich ihn so supertoll fand, aber er war schließlich der einzige Kandidat. Für die Funktion des stellvertretenden Landesvorsitzenden interessierten sich schon einige, aber der erste Mann in einer kleinen angefeindeten Partei zu sein, dazu hatte außer Andres keiner Lust. Trotz dieser Situation wollten viele Delegierte Andres nicht wählen.

»Mensch, der Andres ist vielleicht ein guter Mann in der zweiten oder dritten Reihe, aber als Landesvorsitzender ist er undenkbar. Mit seinem Niveau kann der doch keine Partei repräsentieren.« Diesen und andere Einwände bekam ich immer wieder zu hören.

»Andres ist doch nur eine Übergangslösung«, versuchte ich die Mitglieder umzustimmen. Ich tröstete sie damit, daß ein schlechter Landesvorsitzender immer noch besser sei als gar keiner. Nun war ich gespannt, ob meine Andres-Werbekampagne Erfolg gehabt hatte. Auch Andres schien ziemlich nervös zu sein, ständig rannte er den Gang auf und ab, sprach teilnahmslos mit diesem und jenem, die Augen aber nie auf den augenblicklichen, sondern immer schon auf einen möglichen anderen Gesprächspartner gerichtet. Wirklich völlig konfus. Noch während die Stimmen für Andres ausgezählt wurden, fand der Wahlgang für die stellvertretenden Landesvorsitzenden statt. Die vier Kandidaten brauchten sich nicht weiter vorzustellen, denn sie waren den Delegierten hinreichend bekannt: ein junger Jurist, ein Regisseur, der auch damals bei unseren Sendungen im »Offenen Kanal« Regie führte, und ein Beamter im Ruhestand, der sich bislang nicht weiter hervorgetan hatte.

Um meine Wahl machte ich mir keine Sorgen, da die meisten Delegierten mir schon gesagt hatten, daß sie mich wählen wollten. Für ihren Entschluß sprach wahrscheinlich erstens mein Engagement für die Partei und zweitens einfach die Tatsache, daß ich eine Frau bin. Damit konnten sie den Vorwurf der Frauenfeindlichkeit, der von außen oft an die Republikaner herangetragen wurde, entkräften. Endlich wurden die Ergebnisse bekanntgegeben. Andres wurde zum Landesvorsitzenden und ich zur Stellvertreterin gewählt. Andres gratulierte und überreichte mir einen großen Blumenstrauß. Wirklich nett, wo er sich doch um Schönhuber und seine eigene Wahl zu kümmern hatte.

Monika Andres brach gerührt über die Wahl ihres Mannes in Tränen aus. Sie mußte sich jedoch schnell wieder beruhigen, weil die Wahl leider wiederholt werden mußte, da eine Stimme mehr abgegeben worden war, als Stimmberechtigte im Raum waren. Bernhard Andres konnte sich das nur so erklären, daß ein Delegierter so begeistert von ihm war, daß er ihn gleich zweimal gewählt hatte.

Einige Parteifreunde waren der Meinung, man solle die überflüssige Stimme einfach wegwerfen, was dem Ehrlichkeitssinn des Landesschatzmeisters Hermann Voss widersprach. Schweren Herzens wählten wir noch einmal. Bernhard Andres bekam aus unersichtlichem Grund bei diesem Wahlgang gleich einige Nein-Stimmen mehr. Ich wurde wieder mit überragender Mehrheit gewählt.

Dann stellte man die Kandidaten für das Berliner Abgeordnetenhaus auf und verabschiedete das Berliner Wahlprogramm mit den Schwerpunkten innere Sicherheit und Ausländerpolitik.

Diese beiden Programmpunkte erschienen mir sehr vernünftig. Auch ich bin der Meinung, daß man keine rechtsfreien Räume für Verfassungsfeinde und Gewalttäter dulden sollte.

Ob man ein generelles Vermummungsverbot aussprechen sollte, weiß ich nicht. Einerseits könnte man Nachteile haben, wenn man gegen irgend etwas demonstriert und vom Arbeitgeber unter den Demonstranten entdeckt wird. Andererseits meine ich, daß, wer sich für seine Überzeugung einsetzt, auch Nachteile in Kauf nehmen sollte. Was ich wirklich bei der Vermummung von Demonstranten befürchte ist, daß die Kriminalitätsrate steigt, sobald man sich unerkannt fühlt. Wie leicht fliegen aus einer aufgepeitschten Stimmung heraus die Steine, wenn keiner weiß, wer dafür verantwortlich ist.

Häufig werden dann die Taten einer Minderheit allen Demonstranten zugerechnet. Das Ergebnis könnte sein, daß letztlich alle Demonstrationen untersagt werden und somit dem friedlichen Bürger ein demokratisches Mittel genommen wird, seinen Protest zu äußern. Daß sich die Republikaner für ein Bewaffnungsverbot bei Demonstrationen einsetzen wollten, finde ich in Ordnung. Denn wer friedlich demonstrieren will, braucht keine Waffen, oder?

Die Ausländerpolitik der REP hörte sich auch ganz vernünftig an. Die Partei will sich für eine Verringerung des Ausländeranteils durch Nachzugsstop und Förderung der freiwilligen Rückkehr in die Heimatländer einsetzen. Das Asylverfahren soll durch ausreichendes Personal in den zuständigen Behörden und Gerichten beschleunigt werden. Die Republikaner wollen Ausländern die deutsche Staatsangehörigkeit nur gewähren, wenn dies in deutschem Interesse liegt. Die betreffenden Ausländer sollten die deutsche Sprache ausreichend beherrschen und bereit sein, Staatsbürger mit allen Rechten und Pflichten zu werden. Die ursprüngliche Staatsangehörigkeit muß erlöschen. Kein Asyl soll Wirtschaftsflüchtlingen oder Asylbewerbern gewährt werden, die bereits in einem anderen Land Zuflucht gefunden haben oder zumutbare Zuflucht finden könnten, insbesondere wenn das andere Land ihrer Heimat näher liegt und zum selben Kulturkreis gehört.

Solche und ähnliche Maßnahmen hielt und halte auch ich für notwendig. Der Ausländeranteil liegt heute in West-Berlin bei ungefähr 14%. Das ist meiner Meinung nach entschieden zu hoch, wenn man bedenkt, wie viele Aussiedler auch noch jährlich zu uns kommen. Berlin kann einen so hohen Fremdenanteil nicht fassen. Wohnungsnot und Arbeitsplatzprobleme verschärfen sich erheblich. Viele Deutsche fühlen sich inzwischen durch die Ausländer benachteiligt. Diese Unzufriedenheit von Bürgern sollte man nicht einfach ignorieren, sonst kommt es nämlich zu der schon allseits von den Linken angeprangerten Ausländerfeindlichkeit unter der deutschen Bevölkerung. Und wer bei der Wohnungsnot in Berlin fordert, man solle mehr Wohnungen bauen und das Problem sei gelöst, der scheint mir ein Traumtänzer zu sein. In Berlin steht nur begrenzter Baugrund zur Verfügung. Schließlich kann man die Stadt ja nicht völlig zubetonieren. Gerade den Berlinern, die durch den Insel-Status nicht so einfach ins Grüne fahren können, sollte man möglichst viel Grün in der Stadt lassen.

Aus diesen Gründen war ich mit den Programmpunkten »innere Sicherheit« und »Ausländerpolitik« einverstanden.

Aber zurück zum Parteitag. Am späten Nachmittag wurde eine kurze Ruhepause eingelegt, damit sich Schönhuber, der bei Bernhard Andres wohnte, etwas von den Strapazen des Parteitags erholen konnte.

Am Abend trafen sich einige Berliner Parteimitglieder – unter ihnen auch ich – mit Schönhuber in einem Restaurant in Berlin-Dahlem.

Ich war gespannt darauf, was Franz Schönhuber für

ein Mensch sein würde. Viele Parteifreunde schwärmten von der ungeheuren Ausstrahlung des Bundesvorsitzenden. Bei seiner Rede auf dem Berliner Parteitag fand ich Schönhuber ganz eindrucksvoll. Aber außergewöhnlich?

Im Restaurant ließ Schönhuber seinen Charme spielen. Jedes dickliche Hausmuttchen überschüttete er mit Komplimenten. Mann, oh, Mann. Ich fand es schon übertrieben, wie Schönhuber den Kavalier alter Klasse mimte. Na, vielleicht hoffte er, bei den Damen gut anzukommen. Egal, welcher Schwachsinn ihm erzählt wurde, von verworrenen Familiengeschichten bis hin zu endlos ausgewalzten Liebeserklärungen an Polen, er lächelte gütig.

Er nannte uns das Patentrezept für einen Wahlerfolg: »Ihr müßt an die Stammtische gehen und euch die Probleme der Leute anhören. Das mache ich in Bayern genauso. Dabei habe ich mir soviel Wissen über die Landwirtschaft angeeignet, daß ich in den Augen dieser Leute schon fast einer von ihnen bin. Die Bauern in Bayern sind ein großes Wählerpotential, aber sie wählen nur einen, der sie versteht. Die Republikaner sind gegen die EG, weil die Bauern Angst vor dieser Gemeinschaft haben. Ihr müßt euer Wahlprogramm vom Bürger bekommen. So geht ihr richtig auf Stimmenfang.« Bei aller Sympathie, das was Schönhuber jetzt von sich gab, kam mir wie politische Anbiederei vor. Na, bei den Hausmuttchen hatte er sich auch schon angebiedert. Stimmenfänger – Rattenfänger – schoß es mir durch den Kopf. Auf die Frage, ob er seine Person innerhalb der Partei nicht zu sehr herausstelle – schließlich sei die Bundeszeitung stark auf ihn ausgerichtet (Schönhubers Foto erscheint immer auf der ersten Seite, es wird viel Werbung für seine Bücher gemacht) – antwortete Schönhuber: »Ich selbst bin gegen jeden Personenkult, aber die Leute wollen's halt haben. Die Republikaner ohne Schönhuber können sie sich nicht vorstellen. Also werben wir mit meiner Person.«

Weiterer Diskussionspunkt: die 4000 Unterstützungsunterschriften, die wir für einen Wahlantritt brauchten. Ob wir die von den Bürgern bekommen würden? Schönhuber war, wie auch der übrige Bundesvorstand sehr skeptisch. Der Vorstand mußte ja noch über den Wahlantritt der Berliner entscheiden. Schönhuber versprach, ein gutes Wort für uns einzulegen.

Wenig später fuhr Bernhard Andres zu einem Bundesparteitag, der über unsere Wahlteilnahme entscheiden sollte. Er teilte dem Bundesvorstand mit, daß die Berliner Parteifreunde mit ihrem außergewöhnlichen Fleiß sehr gute Chancen bei der Wahl hätten. Außerdem hätten wir schon ungefähr 900 Unterschriften gesammelt. Mit einem lauten Knall ließ er unsere in Wirklichkeit nur 360 gesammelten Unterschriften auf den Tisch fallen. Mit diesem Bluff und dem Versprechen, daß die Berliner Republikaner auf jeden Fall die nötige Prozentzahl für die Wahlkampfkostenrückerstattung erreichen würden, schaffte es unser Landesvorsitzender, daß die Parteifreunde für einen Wahlantritt stimmten.

Noch am späten Abend, es muß so gegen elf gewesen sein, rief mich Andres freudig an, »isch hab's erreischt, Alexandra, isch hab's erreischt, wir können antreten.«

Ich leitete die Freudenbotschaft sofort an den restlichen Landesvorstand weiter.

Über diesen Erfolg von Andres war ich begeistert, obwohl mir klar war, daß uns in der folgenden Zeit viel Arbeit und auch große Schwierigkeiten bevorstanden.

4. Kapitel

TASCHENSPIELERTRICKS

Schwierigkeiten mit den Medien

»So eine Gemeinheit! So eine Riesenschweinerei! – Da gibt man zu sämtlichen Themen Presseerklärungen ab und die Medien interessiert das überhaupt nicht.« Wütend durchblätterten einige Parteifreunde in der Kreisgeschäftsstelle Spandau die aktuelle Presse.

»Hier steht auch nichts über uns drin. Statt dessen spekulieren die doch glatt darüber, ob Prinzessin Di lieber Erdbeertörtchen oder Butterplätzchen ißt. Ist doch viel wichtiger, was irgendeine Trine in England macht, als was eine neue Partei in Deutschland zur Ausländerpolitik sagt. – Das mußt du einfach verstehen«, schnaubte ein älterer Mann.

Ein anderer meinte resignierend: »Keine Zeile über uns. Mit Flugblättern können wir doch nicht ganz Berlin abdecken. Mensch, überleg mal, wie teuer das wird. Presseberichte, das wäre 'ne super Werbung und das noch kostenlos. Wenn man –«

»Wenn man, wenn!« stürmisch wird er unterbrochen. Ein junges Parteimitglied rastete sichtbar und vor allem hörbar aus. »Ihr geht mir mit euren Phantasien langsam auf den Nerv! Die Scheiß-Medien bringen nun mal nichts von uns! Kapiert das doch endlich. Hier spricht man zwar gerne von Meinungsfreiheit, Pressefreiheit und was weiß ich von welchen Freiheiten sonst noch. Aber guckt euch das doch mal an. Da gibt's ein paar Verleger, die haben zig Zeitungen, in denen nur das geschrieben wird, was der Verleger wünscht. Von den großen Parteien erhofft er sich Vorteile, wenn er nett über sie schreibt. Und mit den Typen aus der Wirtschaft will er es auch nicht verderben, weil die mit ihren großen Anzeigen die Zeitung mitfinanzieren. Was der kleine Mann an Informationen bekommt, ist vorher stark gefiltert worden. Sonst leistet er sich am Ende noch eine eigene Meinung. Ich weiß, wie das läuft. Ich bin aus der DDR. Und ich sag' euch, was die drüben ganz offen machen, wird hier hinter geschlossenen Türen genauso gehandhabt, bloß daß die meisten nichts davon erfahren.«

Nachdem dieser Parteifreund seinem Ärger Luft gemacht hatte, war es still im Raum. Irgendwie war an der eingeschränkten Meinungsvielfalt durch die starke Pressekonzentration schon etwas dran.

Ich überlegte, ob ich, wäre ich Verleger, etwas über die Republikaner bringen würde, über eine kleine Partei, die sowieso kein politisches Gewicht hat, nahezu unbekannt ist und von den meisten, die sie kennen, auch noch abgelehnt wird. Nee, mir wäre der Platz auch zu schade.

Wir überlegten uns, wie die Medien zu überlisten wären. Unsere Devise hieß: Wir müssen die Leute so lange mit unseren Meldungen bombardieren, bis sie völlig entnervt aufgeben und doch über uns berichten.

Wie so oft, saßen wir in einer Eckkneipe zusammen. Ich fand diese Zusammenkünfte schrecklich: Alle rauchten, die Luft war stickig vom Qualm und Alkoholausdünstungen. Kopf und Augen taten mir weh. Die Männer tranken ein Bier nach dem anderen, bis sie kein vernünftiges Wort mehr rausbrachten. Bei einem solchen Parteitreff dachten wir mal wieder über die Möglichkeiten nach, in die Presse zu kommen.

»Nun reden wir schon seit Wochen darüber, daß wir die Medien überlisten müssen, und was fällt uns ein? Gar nichts!« regte ich mich auf.

»Mir ist schon was eingefallen«, tönte es plötzlich aus dem Hintergrund.

Alle starrten ruckartig den Parteifreund an, der genüßlich an seiner Zigarette sog.

»Was denn?«

»Mensch, nun sag schon!«

»Ich habe mir überlegt«, er machte eine bedeutsame Pause, »wir überschütten die Zeitungen mit Leserbriefen. Das ist immerhin ein Anfang. Ich dachte mir« er sah mich an »das so ähnlich, wie eure Sendungen im Offenen Kanal laufen: Kritische Themen, unsere Meinungen und unsere Lösungen, ohne den Namen Republikaner zu erwähnen. Wir schreiben ganz einfach als Leser X oder Y.« Die Idee war zwar nicht schlecht, aber so umwerfend, wie der Typ tat, nun auch wieder nicht. Es war ja noch die Frage, ob die Briefe überhaupt abgedruckt würden, und wenn, dann brächte es ohne die Nennung unserer Partei wenig. Na, immerhin besser als gar nichts. Die anderen schienen ja begeistert zu sein.

Also: jede Menge Leserbriefe, von denen die meisten nicht abgedruckt wurden. Ab und zu hatten wir Glück. Ich erinnere mich an einen Rundbrief des damaligen Landesvorsitzenden Weinschenk vom 1. November 1987, in dem es hieß: »Selbst wenn die Briefe nicht gedruckt werden sollten, landen sie doch auf den Redaktionstischen (und den Nerven der Redakteure!) und dieser und jener kommt dann vielleicht doch in die

Zeitung (wie beigefügte hervorragende Stellungnahme unseres Parteifreundes Abendroth, der allerdings bei der ›Mottenpost‹ (»Berliner Morgenpost«) erst noch kräftig telefonisch nachhelfen mußte). So geht's!«

Wir versuchten also, mit Taschenspielertricks die Medien zu überlisten.

Es dauerte aber noch lange, bis wir unser erstes richtiges Interview, ohne polemische Kommentierung, in einer großen überregionalen Zeitschrift hatten.

Anfang August 1988 klingelte mein Telefon. Ein Journalist namens Kelle von der Zeitschrift »Coupé« wollte mit mir ein Interview über die REPs machen.

Ich hielt die ganze Sache für einen Scherz und konterte cool: »Oh, da ist vorläufig gar nichts zu machen. Wir haben in der nächsten Zeit so viele Pressetermine, daß wir vor Dezember leider nicht zur Verfügung stehen können.«

Mein Gesprächspartner war verblüfft.

»Was, das ist ja wirklich 'n Ding. Vor Dezember ist nichts mehr drin? Nee, das ist zu spät.«

Irgendwie merkte ich plötzlich, daß die ganze Sache ernst gemeint war. Für wann er es denn bräuchte. Nächste Woche. Er käme aus Westdeutschland und könnte die REP-Sache mit anderen Terminen verbinden.

»Okay, dann versuche ich für Sie den Termin freizubekommen.«

Natürlich merkte der Journalist, daß ich überhaupt keinen Termin hatte. Der hielt mich wahrscheinlich für eine große Aufschneiderin, aber das war mir in diesem Moment völlig egal. Ich wollte das Interview haben. Daß ich seine Anfrage für einen Scherz gehalten hatte, wollte ich ihm auf keinen Fall eingestehen.

Eine Woche später sollte der Journalist Kelle zusammen mit einem Fotografen kommen. Wir waren um 17 Uhr verabredet.

Kurz nach fünf, ich war inzwischen schon reichlich nervös, klingelte der Fotograf. Herr Kelle hätte es nicht pünktlich geschafft und käme später dazu. Wir könnten aber inzwischen schon die Fotos machen. Am besten an der Mauer und am Brandenburger Tor. Na, dann mal los. Wir fuhren zwei Minuten, bis zur Grenze. Ich mußte verschiedene Posen einnehmen, mal traurig, mal fröhlich gucken. Dann zum Kurfürstendamm, wo wir den Journalisten Kelle trafen. Weiter ging's zum Brandenburger Tor. Auch hier wurden etliche Bilder gemacht. Dann fuhren wir zu mir nach Hause.

Der Journalist war noch ziemlich jung. Wir sprachen erst über verschiedene Erlebnisse mit der Presse. Kelle hatte sich bei »Hundert,6« beworben, einem Privatrundfunksender in Berlin. Es ist ziemlich schwer als Journalist, irgendwo gut reinzukommen, meinten wir übereinstimmend. »Hundert,6« war jedenfalls schon mal ein prima Anfang. Die Gesprächsatmosphäre war harmonisch. Kelle war nicht von vornherein gegen die Republikaner eingestellt, wie ich es sonst von der Presse gewohnt war.

»Warum engagieren Sie sich in einer kleinen Partei, von der man nicht weiß, ob sie jemals in ein Parlament kommt?«

»Erstens möchte ich zuerst einmal was im Denken der Leute verändern, sie auf Mißstände aufmerksam machen und neue Lösungen anbieten. Zweitens kann man diese Art von Politik auch machen, wenn man nicht im Parlament vertreten ist. Und drittens – Friedrich Rückert sagte einmal: ›Anstrengung und Erfolg sind ungetrennt ein Paar‹ – bin ich mir ziemlich sicher, daß die Republikaner in Berlin mindestens in die Bezirksverordnetenversammlungen von Spandau und Tiergarten einziehen werden.«

Ich wurde nach unseren Wahlkampfvorbereitungen gefragt und danach, wie ich auf die Republikaner aufmerksam geworden sei. Gegen 21 Uhr verabschiedeten sich Kelle und der Fotograf.

Als ich am nächsten Tag in die Geschäftsstelle kam, mußte ich erzählen, wie das Interview gelaufen ist, wie die Journalisten so waren und wann die Zeitung erscheinen würde.

Dann warteten wir gespannt auf die September-Ausgabe von »Coupé«.

Einer von uns brachte die Zeitschrift mit in die Kreisgeschäftsstelle Spandau.

»Die haben das Interview nicht gebracht.«

Wir ließen die Köpfe hängen. Irgendwie hatte ich mir das fast gedacht. Trotzdem nahm ich die Zeitschrift und überflog das Inhaltsverzeichnis. Unter Reportagen las ich: »Junge Politiker – mit Engagement auf Stimmenfang«, Seite 40. Ich schlug die Seite auf. Dort war ich in Großaufnahme vor der Mauer zu sehen und auf der folgenden Seite stand das Interview.

Ich warf dem Parteifreund einen prüfenden Blick zu.

Der lachte und meinte: »Super, ich gratuliere.«

Wir waren begeistert. Endlich hatten wir den ersten Sprung in die Presse geschafft.

Heute überlegen sich viele Republikaner, ob sie ein Interview geben. Man hat es eben nicht mehr nötig. Über kaum eine andere Partei wird soviel berichtet. Anscheinend sagt sich die Presse: »Daß wir die Republikaner anfangs totgeschwiegen haben, hat nichts genutzt. Nun versuchen wir sie totzureden.« Ich fürchte, auch das wird nicht viel nützen.

Seit dem Wahlerfolg der Partei in Berlin wird Franz Schönhuber zum Star hochstilisiert. Während man den Bundesvorsitzenden früher verachtet hat, sieht man in ihm jetzt ein Rhetorik-Genie. Nichts ist erfolgreicher als der Erfolg.

5. Kapitel

»MAN KANN WIEDER WÄHLEN!«

Vorbereitungen für die Wahl zum Berliner Abgeordnetenhaus

»Jetzt wird es ernst. Wir müssen uns überlegen, wie wir einen rischtigen (sic!) Wahlkampf führen.«

Bei diesen Worten – an seinen charakteristischen Sprachfehler hatte ich mich schon gewöhnt – sah Bernhard Andres die Landesvorstandsmitglieder fragend an. Es war die erste Vorstandssitzung nach dem Landesparteitag. Wir trafen uns in der Spandauer Geschäftsstelle, und viele der neugewählten Funktionäre sprühten vor Ideen. Ein Beisitzer meldete sich zu Wort. Mittlerweile wußte ich, daß ein Beisitzer nichts anderes als ein Vorstandsmitglied war, das den Sitzungen mit Stimmrecht beiwohnen konnte. Er schlug vor, in der Geschäftsstelle einmal im Monat sonntags einen Frühschoppen für Mitglieder und vor allem für Sympathisanten zu machen. Bei solchen Aktionen könne man die Leute gut bequatschen, so daß aus Interessierten schnell Mitglieder würden.

Prima Vorschlag. Wir beschlossen, Näheres zu einem späteren Termin zu besprechen.

Ein anderes Vorstandsmitglied, ein eifriger junger Mann, der sichtlich froh war, mit von der Partie zu sein, hatte auch einen Einfall: »Wir brauchen außer den Flugblättern noch eine Wahlkampfzeitung.«

»Ja, das ist ganz wischtig«, pflichtete Bernhard Andres in seiner üblichen pathetischen Tonlage bei.

Da sich keiner der Anwesenden in der Lage sah, eine Zeitung auf die Beine zu stellen, blieb diese Aufgabe an mir hängen

»Wie habt ihr euch denn die Zeitung vorgestellt?« fragte ich.

»Billig und gut!«

»Nein, ich wollte wissen, wie ihr euch den Aufbau vorgestellt habt?«

»Na, von allem ein bißschen was drin. Politik, Unterhaltung, Sport und so weiter. Du wirst das schon machen. Bei dir ist die Zeitung in guten Händen.« Bernhard Andres hatte gut reden und nuckelte genüßlich an seinem bevorzugten Cocktail. Bacardi-Cola.

Viele Anhaltspunkte hatten die Parteifreunde mir nun wirklich nicht gegeben. Die Zeitung sollte billig sein. Also zunächst eine preiswerte Druckerei suchen. Ein Parteifreund aus Tiergarten, ein junger Jurastudent, der mir behilflich war, empfahl mir eine günstige Druckerei in Kreuzberg. Nach dem Kostenvoranschlag war mir klar, daß der Umfang der Zeitung nur vier Seiten betragen durfte, sonst würde sie zu teuer werden.

Der Landesschriftführer, ein emsiger Rentner, der zum Selbstkostenpreis unsere Flugblätter druckte, erklärte sich bereit, mir beim Setzen der Zeitung zu helfen, so daß wir auch dadurch noch Geld einsparen konnten. In seinem ohnehin engen Zimmer in einem Seniorenheim hatte er eine Druckmaschine neben seinem Bett aufgestellt, die sich aber leider nur für Flugblätter eignete. Wegen des Lärms, den diese Maschine verursachte, hatte er manchen Ärger im Heim bekommen. Aber engagiert wie er war, ließ er sich davon nicht beirren und druckte.

Nachdem ich die technischen Modalitäten geklärt hatte, kümmerte ich mich um die Artikel. Ich setzte ein

Schreiben auf, das ich an alle Kreisverbände schickte: Darin bat ich um Spenden und Artikel. Die erste Ausgabe sollte Anfang September erscheinen.

Nach meinen Aufruf schickten mir die Mitglieder meiner Meinung nach viel zu viele Artikel zu. Na prima, so konnte ich mir die besten heraussuchen. Ich war gerade mitten in der Arbeit, als Bernhard mich anrief: »Hallo, gut, daß isch disch erreische. Die Zeitung soll in zwei Wochen fertig sein, nischt? Kannste disch nischt beeilen und das früher schaffen. Isch bitte disch von ganzem Herzen!« Sein überzogener Tonfall war mir ja mittlerweile bekannt. So reagierte ich nüchtern. »Wann soll die Ausgabe denn rauskommen?« – »Am besten in fünf Tagen.« – »Was?« Ich glaubte nicht recht zu hören. »Da fahre isch zur Bundesvorstandssitzung, und die drüben sollen staunen, wie wir arbeiten. Isch bitte disch, beeile disch.« Huk, der Chef hatte gesprochen. Ich war wirklich begeistert. Zwei Tage brauchte die Druckerei, blieben noch drei Tage für mich. Als ich dem Landesschriftführer mitteilte, daß er kaum Zeit für den Satz hatte, fiel er, bei aller ihm eigenen Emsigkeit, fast in Ohnmacht. »Alexandra, das schaffe ich nur, wenn Sie mir helfen!«

Mir blieb wohl nichts anderes übrig. Abends hätte ich aber keine Zeit, weil ich da meine Sendungen im Fernsehen moderieren müsse. »Dann brauche ich abends einen anderen, der mir hilft.« Sein letztes Angebot. Ich empfahl ihm den Tiergartener Parteifreund, den jungen Jurastudenten, der mir schon beim Suchen der Druckerei behilflich gewesen war. Der Student erklärte sich dann auch glücklicherweise dazu bereit, die Texte zu setzen.

Wir drei arbeiteten ziemlich intensiv an der Zeitung. Das erste, was wir beim Layout bemerkten, war, daß die von mir redigierten Artikel niemals reichten, um die Zeitung zu füllen. Mir war vorher nie aufgefallen, wieviel Text auf eine Zeitungsseite geht. Also fuhr ich nach Hause und suchte dort die Artikel zusammen, die ich eigentlich erst nicht abdrucken wollte. Natürlich waren diese Texte noch nicht redigiert, was auch noch viel Zeit kostete.

Der letzte Abend, bevor die Zeitung in den Druck ging, war der reinste Horror. Ich mußte wieder ins Fernsehstudio und vorher noch einen Beitrag für unsere Zeitung schreiben. Inzwischen waren alle Artikel gesetzt, aber wir hatten noch eine ganze Seite frei, die wir irgendwie füllen mußten. Indem wir die Artikel etwas in die Breite zogen, ein Kreuzworträtsel und anderes einfügten, bekamen wir die Zeitung doch noch gefüllt. Sie wurde gleich am nächsten Tag in die Druckerei gegeben, und Bernhard Andres konnte das Parteiblatt zur Bundesvorstandssitzung mitnehmen. »Prima«, sagte er zu mir, »wirklisch prima.« In der folgenden Zeit verteilten wir unser Parteiblatt, den »Berlin-Republikaner«, der bei den Bürgern sehr gut ankam.

Zuvor hätte ich mir nicht vorstellen können, wie beglückt die Leute mit einer Zeitung abziehen. Ein Flugblatt sieht immer irgendwie billig aus, aber eine Zeitung macht schon was her. Wir hatten auf die Titelseite den Preis von 0,50 DM aufgedruckt, verteilten die Zeitung aber logischerweise als Werbematerial umsonst.

»Ach, Fräulein, könnte ich eine Zeitung bekommen? Ich gebe Ihnen die Flugschrift auch gern wieder zurück«, sprach mich eine ältere Dame an, der ich unaufmerksam ein Flugblatt in die Hand gedrückt hatte, während auf unserem Informationstisch noch ein Stapel Zeitungen lag. Klar, daß die Frau ihr Flugblatt behalten konnte und trotzdem noch eine Zeitung bekam.

Zwar scheinen Flugblätter beim Bürger keinen guten Ruf zu haben, aber auf ihre Hilfe können Parteien unmöglich verzichten. Schließlich erreichen sie auch den Wähler, der erst mal querliest und – findet das angesprochene Thema sein Interesse – sie dann genauer studiert. Auf diese Weise wird sehr viel preiswerter als mit einer Zeitung das Interesse geweckt. Außerdem kann man zu aktuellen Themen viel schneller ein Flugblatt als eine Zeitung herausbringen.

Besonders aus Kostengründen verteilten wir auch weiterhin Flugblätter, die natürlich auch entworfen werden mußten. Zunächst überlegten wir uns, wen wir mit unseren Flugblättern ansprechen wollten. Am wichtigsten schien es uns, beim Mittelstand Beachtung zu finden. Dieser Gesellschaftsschicht wird ja eine Vorliebe für die Tugenden nachgesagt, für die sich auch die Republikaner einsetzten: Fleiß, Ordnungsliebe, Karrierebewußtsein und Sparsamkeit, außerdem eine Tendenz zu Konservativismus und Autoritätsgläubigkeit. Folglich mußten wir diesen Personenkreis nur auf uns aufmerksam machen, dann würde er uns schon wählen.

Zuerst nahmen wir uns den traditionellen Mittelstand, das heißt die kleinen Gewerbetreibenden, Einzelhändler und Handwerker vor. Wir entwarfen ein Flugblatt, in dem wir 1. die Abschaffung der Gewerbesteuer in Berlin, 2. die drastische Reduzierung der Lohnnebenkosten, 3. die Festschreibung der Gewerbemieten in Berlin, 4. die Bevorzugung von Berliner Klein- und Mittelbetrieben bei der Auftragsvergabe und 5. das Verschwinden von überzogenen Auflagen und Beschränkungen forderten.

Als nächstes kamen die Beamten an die Reihe. Mit dem Slogan »Beamte sind die Leistungsträger unserer

Demokratie« setzten sich die Republikaner für die Erhaltung des Berufsbeamtentums ein.

Nachdem wir den Mittelstand bedient hatten, nahmen wir eine andere Bevölkerungsgruppe aufs Korn: die Tierfreunde.

Wenn zur Ferienzeit das Tierheim Lankwitz überfüllt ist, weil die Leute massenhaft Tiere aussetzen, sollte man es kaum für möglich halten: Aber die Berliner sind größtenteils tierlieb. Häufig ist für ältere Menschen in der Isolation der Großstadt das Tier der einzige Freund, der sie über Einsamkeit und Leid hinwegtröstet. Aus diesem Grund fand auch ich es sinnvoll, daß die Republikaner ein Flugblatt machten, in dem sie

- den Ausbau des strafrechtlichen Tierschutzes
- den zweckgebundenen Einsatz der Hundesteuer
- die Hundesteuerbefreiung in Härtefällen
- die Einschränkung der Tierversuche auf das unbedingt notwendige Maß
- und das Verbot der grausamen Massentierhaltung verlangten.

Ich glaube, man kann es den Leuten gar nicht deutlich genug machen, daß die Tiere mehr als eine Sache sind, als die sie im Strafrecht bis vor kurzem noch definiert wurden. Tötete man einen fremden Hund, hatte man nicht mehr als eine Sachbeschädigung begangen. Und wenn Tiere nur Sachen sind, kann man sie auch, sobald sie einem lästig sind, einfach wegwerfen beziehungsweise aussetzen. Im Bewußtsein der Menschen muß sich da unbedingt etwas ändern. Glücklicherweise schienen das viele Leute ähnlich zu sehen, denn unser Tierflugblatt kam sehr gut an.

»Endlich mal eine Partei, die auch was für die Tiere tut«, freute sich eine Passantin.

»Ach, sind Sie eine Splittergruppe der AL?« fragte

ein interessierter Familienvater, der an der einen Hand seinen vierjährigen Sprößling, in der anderen die Leine mit seinem Hund hatte. Ich antwortete mit einem kurzen »Nein«, denn der Mann, der Mühe hatte, Kind und Hund zu bändigen, hatte sichtbar nicht den Nerv, längeren Ausführungen zu lauschen.

Mir passierte es noch öfter, daß die Leute mich aufgrund dieses Flugblatts mit der AL in Zusammenhang brachten. Aber man muß sich wohl damit abfinden, daß die Leute mit Tier- und Naturschutz immer die AL verbinden. Aber wie dem auch sei, für die Tierfreunde hatten wir erst einmal etwas getan.

Nun kamen die Arbeitslosen an die Reihe. Mit unserem nächsten Flugblatt sprachen wir uns dafür aus, daß

- deutsche Arbeitsplätze vorrangig Deutschen zustehen müssen,
- es eine Wirtschaftsförderung durch Steuervergünstigungen und öffentliche Mittel nur für Unternehmer geben sollte, die in Berlin Arbeitsplätze schaffen,
- es keine Kürzung des Bundeszuschusses für Berlin im Rahmen der Steuerreform und
- keine Arbeitserlaubnis für Asylbewerber geben sollte.

Außerdem hatten wir noch Flugblätter, die sich mit den Themen »Innere Sicherheit« und »Ausländerpolitik« befaßten, so daß sich eigentlich für jeden etwas in unserem Flugblattsortiment befand.

Ach, beinahe hätte ich unser Flugblatt »Die Altparteien haben versagt« vergessen. Darin warfen wir den Altparteien Filz, Korruption, Lieblosigkeit gegenüber dem eigenen Volk und vieles mehr vor. Um das Flugblatt lebendiger zu gestalten, war eine Frau in mittleren Jahren abgebildet worden, die in einer Hand eine Brille hält und mit der anderen sich die Augen reibt. Daneben war eine Sprechblase zu sehen, die der Frau die Worte in den Mund legte: »Ich lasse mir von den Altparteien keinen Sand mehr in die Augen streuen! Am 29. Januar 1989 wähle ich die Republikaner.«

Durch die abgebildete Dame wurde unser Flugblatt richtig anschaulich. Leider blieb sie uns nicht lange erhalten. Eine Firma fand heraus, daß sie für ihre »Sanhelios-Vitamin-A-Kapseln-Werbung« eine ähnliche Frau in gleicher Pose abgebildet hatte. Die Firma forderte uns auf, unser »Altparteien-Flugblatt« nicht mehr zu verteilen, sonst sähe sie sich gezwungen, gerichtlich gegen die Republikaner vorzugehen. Auch der Einwand, daß unsere Frau doch viel hübscher als die »Sanhelios-Vitamin-A-Kapsel-Frau« aussehe, zog nicht. Man erklärte uns, daß die geringen Abwandlungen nicht genügten. Die Frau sei unverkennbar geklaut. Außerdem käme es entscheidend auf das Augenreiben an, und das sei nicht abgewandelt worden. Wir gaben uns geschlagen und verteilten das Flugblatt nicht mehr. Sonst würde die Firma am Ende noch sauer auf uns und Geld verlangen. Und das bei unserem chronischen Geldmangel!

Wir hatten mit der finanziellen Unterstützung der Bundespartei gerechnet. Leider war das eine Fehleinschätzung! Auch die Kasse des Bundesverbandes war leer. Die Partei hatte ihr ganzes Geld in den Wahlkampf der Landesverbände Bremen, Baden-Württemberg und Schleswig-Holstein gepumpt, die nicht genügend Stimmen erhielten, um eine Wahlkampfkostenrückerstattung zu bekommen.

Während des Berliner Wahlkampfes machte ich einen Ausflug nach München, um Bekannte zu besuchen. Als ich in der Nähe der Bundesgeschäftsstelle und bayerischen Landesgeschäftsstelle war, wollte ich

Harald Neubauer, den bayerischen Landesvorsitzenden und Chefredakteur der Bundeszeitung besuchen.

Bisher wußte ich nicht viel über ihn. Er war Ende Dreißig, ehemaliges Mitglied der NPD und wurde von Parteifreunden als weit rechts eingestuft. Wenn ich so wenig Angaben über einen Menschen habe, reizt es mich immer, in Gedanken ein Bild von der mir unbekannten Person zu entwerfen. Ein amüsantes Experiment, mit wie wenigen Angaben man sich einen Menschen vorstellen kann. Auf dem Weg zur Landesgeschäftsstelle malte ich mir also aus, wie der bayerische Landesvorsitzende aussehen, wie er sein würde.

Als Rechtsextremer war er sicherlich ein einfach strukturierter Mensch, für den es nur Schwarz oder Weiß gibt. Den Mittelweg würde er nicht akzeptieren, nicht kennen. Ich stellte mir einen großen, sehr kräftigen Mann vor, der mir mit seinem kräftigen Händedruck fast meine Hand zerdrückte. Vielleicht würde sich Neubauer auch zackig geben und die Hacken bei unserer Begrüßung zusammenknallen. Bei dem Gedanken mußte ich lachen.

Erwartungsvoll klingelte ich an der Geschäftsstellentür. Ein schmächtiger, gutaussehender Mann öffnete; er sah nicht älter aus als Ende Zwanzig. Charmant begrüßte er mich. Es war Harald Neubauer, wie sich sogleich herausstellte. Trotz seines vollen Terminkalenders nahm er sich viel Zeit für mich.

Wir sprachen über Schönhuber. Ich war der Meinung, daß Schönhuber recht milde wirken würde.

Neubauer antwortete: »Der Bundesvorsitzende kann aber auch anders. Er sagt den Leuten, was er von ihnen hält. Und das muß er auch, will er sich der Gegner erwehren. Wer Schönhuber angreift, greift die Republikaner an. Die Partei ist Schönhuber.

Schönhuber ist die Partei!« Recht kernige Sätze, aber merkwürdigerweise ganz ohne fanatischen Tonfall gesprochen.

Neubauer redete über die zeitweilige Härte des Bundesvorsitzenden bewundernd. Anscheinend gab ihm diese Härte persönlichen Halt. Der bayerische Landesvorsitzende, von Beruf Journalist, versucht zwar politisch hart zu wirken, aber ist das sein wahres Gesicht? Will er damit nicht nur seine Feinfühligkeit und Sensibilität, die bei starker Ausprägung schnell zur politischen Schwäche werden kann, kompensieren? Er erkennt Schönhuber als Bundesvorsitzenden an, gibt sich mit der Rolle des Nachfolgers zufrieden und scheint froh zu sein, daß da noch ein anderer ist, der Autorität und Führungsqualität ausstrahlt. Schönhuber ist sein politisches Über-Ich, sein Vater. In seinem Schatten arbeitet er viel und hart und opfert ihm sein umfangreiches politisches Wissen.

Bei meinem Besuch erklärt er mir, wie man am besten Werbeplakate aufhängt, so daß sie vor Wind, Wetter und Chaoten geschützt sind. Außerdem gab er mir Tips, wie man am meisten Beachtung beim Bürger findet – mit klaren, kräftigen Parolen, mit Riesenplakaten, einem Durchsetzungswillen gegenüber Parteien wie der CDU, von der man sich nicht an den Rand drängen lassen dürfe. Auch erklärte er mir, wie man sich innerhalb der Partei verhalten soll, sich möglichst raushalten aus Klüngel und Tratsch. Ich war sehr angetan von Neubauer, der bereit war, jede freie Minute für die Partei zu opfern, um das eine oder andere Problem, sei es nun die Personalstruktur oder einfach technische Unbeholfenheit, beizulegen. Neubauers Arbeit ist von Idealismus geprägt. Aus diesem Grund werden Stimmen laut, die fordern, daß der »Kronprinz« sich nicht der Verantwortung entziehen und aus dem Schatten des Bundesvorsitzenden hervortreten soll.

Tatsächlich kann der bayerische Landesvorsitzende nicht ewig der zweite Mann bleiben. Die Republikaner brauchen einen feinfühligen Landesvorsitzenden, dachte ich mir damals, der bescheiden genug ist, ausschließlich das Beste für die Partei zu wollen und von jeglichem Personenkult Abstand nimmt.

Bei unserem Berliner Finanzproblem konnte uns Neubauer aber leider auch nicht helfen. Als ich ihn bat, einen Spendenaufruf für den Berliner Wahlkampf in die Bundeszeitung zu setzen, lehnte der bayerische Landesvorsitzende ab. Man habe den Parteifreunden schon für die anderen Wahlkämpfe soviel Geld aus der Tasche gezogen. Was sie nun noch übrig hätten, müßte für die Europawahl reserviert bleiben. Da könnten es die Republikaner schaffen, die Wahlkampfkostenrückerstattung zu bekommen, und die Partei könnte sich wieder sanieren.

»Na, in Berlin bekommen wir auch die Wahlkampfkostenrückerstattung; dazu brauchen wir doch nur 1,0 oder 1,5%«, wandte ich ein. Harald Neubauer lächelte nachsichtig, er meinte, wenn wir mehr als 0,3% bekommen würden, wären wir gut. Ich war sauer und dachte mir, der spinnt doch, 2 Prozent bekommen wir auf jeden Fall. Wie kann er sich denn so demotivierend verhalten?

Da ich ihn nicht von dem bevorstehenden Wahlerfolg der Republikaner überzeugen konnte, gab es weder einen Spendenaufruf noch eine finanzielle Unterstützung für uns Berliner. Das war wirklich blöd. Wie sollten wir nun zu Geld kommen? Dennoch, der Abschied von Neubauer war ganz freundlich. Ich tröstete mich damit, daß Leute wie er, die schon so lange politisch tätig sind, schließlich am besten wissen müssen, wo es sich lohnt zu investieren und wo nicht.

Als ich wieder in Berlin war, entwarf ich mit Parteifreunden ein Flugblatt, das wir an Anwälte, Ärzte und andere Leute schickten, bei denen wir Geld vermuteten. Die Altparteien haben versagt, schrieben wir und forderten den Leser auf, uns Spenden zukommen zu lassen. Aber anscheinend hatten die Typen, an die wir unser Flugblatt schickten, kein Geld, oder sie sahen keinen Sinn darin zu spenden. Unsere Kasse blieb leer.

Es war nicht nur Geld, was die Republikaner brauchten, sondern vor allem 4000 Unterstützungsunterschriften, um an der Wahl teilnehmen zu können.

Mit diesen Unterschriften soll nachgewiesen werden, daß in der Bevölkerung ein gewisses Interesse an der Wahlteilnahme einer bestimmten Partei besteht. Von der Unterschriftenerfordernis ist jede Partei entbunden, die in der zurückliegenden Wahlperiode im Parlament vertreten war. Jeder Bürger kann nur eine Unterstützungsunterschrift leisten. Zuerst erschien uns das wenig: 4000 Unterschriften sind nicht die Welt, wenn man allein schon an die ganzen Familien und die Freunde denkt. Den Verwandten- und Bekanntenkreis hatten wir aber schnell durch, und es fehlten trotzdem noch zweitausend Unterschriften.

Jeden Sonnabend verteilten wir von 9 bis 13 Uhr an unseren Informationsständen Werbematerial und baten um Unterschriften. Natürlich hatten die meisten Leute keine Lust, bei einer unbekannten Partei einfach zu unterschreiben. Wer wußte denn, was die Republikaner mit den Unterschriften machten? Vor allem mit dem Geburtsdatum gab es Schwierigkeiten.

»Warum muß ich denn mein Geburtsdatum hinschreiben? Das geht doch keinen etwas an!« begehrte eine alte Frau auf. Ich sagte ihr, daß das der Gang der Bürokratie sei, ihre Daten aber vertraulich behandelt würden. Sie wollte dann lieber doch nicht unterschreiben. Ich erwiderte, daß sie den Altparteien dann eben keinen Denkzettel geben könne. – Sie schrieb das Geburtsdatum hin.

Einer anderen Dame, die ihre Brille vergessen hatte, sollte ich das Formular ausfüllen, so daß sie nur noch zu unterschreiben brauchte. Die Frau diktierte mir ihre persönlichen Daten. Schließlich waren wir wieder beim leidigen Geburtsdatum.

»19. 10. 1906«, sagte die Dame.

»Ach, wirklich?« fragte ich gedankenverloren und etwas gestreßt nach. Da sagte die Frau: »Nein.«

Erst dachte ich, ich hätte mich verhört. Schließlich einigten wir uns auf den 19. 6. 1910.

Mit der Zeit bekamen wir immer schneller zehn, zwanzig oder sogar dreißig Unterschriften zusammen. Allerdings nutzten wir auch die Unwissenheit der Leute aus.

Ein sehr alter Mann kam zu mir an den Stand, erklärte mir ganz stolz, daß er Ehrenmitglied der SPD sei, zeigte mir sein Parteiabzeichen und fragte, ob wir zur SPD gehörten. Ich bestätigte ihm das zwar nicht, doch muß er mein freundliches Lächeln einer Bestätigung gleichgesetzt haben. Jedenfalls wollte er unbedingt eine Unterschrift leisten, woran ich ihn natürlich nicht hinderte.

Eine Sechzigjährige sagte einem Parteifreund, daß sie den Herrn Diepgen ja so nett fände. Der Parteikollege gab ihr recht und machte ihr klar, daß sie dem Herrn Diepgen sehr helfen würde, wenn sie bei uns unterschrieb. Die Dame sagte dem Parteikollegen, daß er fast so nett wie Diepgen sei und unterschrieb. Die

Truppe, mit der ich am Informationsstand zusammen war, steigerte sich bald auf fünfzig bis sechzig Unterschriften an einem Vormittag. Bernhard Andres freute sich darüber und sprach immer von »Alexandras goldenen Ständen«.

Der Landesvorsitzende selbst machte keine Arbeit am Informationsstand, sondern blieb in der Geschäftsstelle; »Palastwache« nannte er das. Wir waren insgeheim froh, daß wir Bernhard bei der Standarbeit los waren. Das war nämlich eine Tätigkeit, zu der er sich überhaupt nicht eignete. Arrogant schritt er auf die Bürger zu, immer die Zigarettenspitze in der Hand, und knallte den Leuten ein Flugblatt hin, während er ihnen den Rauch ins Gesicht blies. Klar, daß Andres es schaffte, daß bei ihm keiner, aber auch wirklich keiner unterschrieb.

Seinen Mitstreitern machte so eine uneffektive Arbeit natürlich keinen Spaß, und sie wollten nicht mehr mit ihm arbeiten. Also blieb Bernhard in den Parteiräumen. Viele beneideten ihn darum. Er, in der warmen Stube, klopfte große Sprüche – wir froren draußen. Prima Arbeitsteilung.

Wenn Schönhuber sagt, daß Bernhard Andres ein tüchtiger Wahlhelfer sei, dann ist das nicht nur ein schlechter Witz, sondern zeigt auch, daß Schönhuber sich nie um den Wahlkampf in Berlin gekümmert hat. Trotzdem brüstet er sich immer mit dem Berliner Wahlerfolg. So hat er wenigstens eine Gemeinsamkeit mit dem Berliner Landesvorsitzenden: Beide ruhen sich auf den Lorbeeren der Berliner Parteifreunde aus. Mich wundert nur, daß sie sich nicht schämen. Aber soweit geht die sogenannte »Ehrlichkeit« der Republikaner wohl doch nicht.

Na, das nur nebenbei. Mit unseren Unterschriften wurde es zum Schluß ziemlich eng. Wir hatten schon Oktober, und im November mußten wir abliefern. Doch es fehlten noch fast tausend Unterschriften. Meine Parteikollegen wurden von Woche zu Woche nervöser und auch aggressiver. Die Beschimpfungen von seiten der Passanten taten ein übriges. Klar, daß ich mich auch ärgerte, wenn uns Passanten als Nazis bezeichneten.

Obwohl, zu wundern brauchte ich mich nicht darüber, wenn ich bedenke, daß unsere Parole »Man kann wieder wählen« ein Wahlspruch der NPD aus den 60er Jahren war, den wir einfach übernommen hatten.

Aus diesem Grund dachte ich mir nichts weiter dabei, als ein älterer Herr, so um die Siebzig, sich wahnsinnig über uns aufregte und uns als Faschisten bezeichnete. Plötzlich sah ich, daß ein Parteikollege, ein junger Mann Mitte Zwanzig, Fahrer bei einer Berliner Bäckerei, ganz blaß wurde und den Mann angreifen wollte. Mit Hilfe eines anderen Parteifreundes konnte ich ihn noch zurückhalten. Ich dachte, das kann doch echt nicht wahr sein. So ein junger Typ will glatt auf einen alten Menschen losgehen. Ich war geschockt, daß sich der Parteikollege so wenig im Griff hatte. Das konnte ja lustig werden.

Wenig später beschimpfte uns eine junge Frau. Ich fand das idiotisch, schließlich sollte doch jeder seiner eigenen politischen Überzeugung nachgehen, und mit Aggressivität kann man sowieso nichts verändern. Es wäre sinnvoller gewesen, wenn sie sich mit den Republikanern in Ruhe auseinandergesetzt hätte. Weil die Dame aber leider falsch reagiert hatte, rastete der angespannte Parteikollege erneut aus. Als er auf die Frau losgehen wollte, hielten wir ihn zurück. Wir packten unsere Sachen zusammen und fuhren in die Geschäftsstelle. Es hatte wirklich keinen Sinn: Wir konnten den Bürgern doch keine politische Meinung einprügeln.

Ein anderes Mal versuchte ich, eine alte Dame zum Unterschreiben zu überreden. Plötzlich fingen zwei Parteikollegen, ein junger Student und ein junger Arbeiter, an, sich zu prügeln. Ich sagte gerade: »Wir bringen frischen Wind in die Politik«, da flog der Informationsstand infolge der Schlägerei durch die Luft. Die Frau sagte: »Das sehe ich, das sehe ich!« Auf einem Brett als Unterlage, das ein Parteifreund und ich krampfhaft festhielten, unterschrieb die Dame dann trotz der angeheizten Situation. Vielleicht imponierte ihr das Kämpferische unserer Partei.

Die Republikaner wurden durch den Unterschriften- und Geldmangel immer nervöser und aggressiver. Außerdem war es nicht gerade beruhigend, wenn man hörte, daß in Tiergarten eine wilde Meute Autonomer aus einem unserer Informationsstände Kleinholz gemacht hatte oder in Neukölln ein Parteifreund, ein junger Polizist, an seinem freien Tag von Chaoten krankenhausreif geschlagen worden war. Das heizte die Stimmung zusätzlich an. Die Republikaner fühlten sich von allem und jedem bedroht, und die Toleranzschwelle sank erheblich, so daß es immer schneller zu Handgreiflichkeiten kam. Ich hatte Angst, daß die Auseinandersetzungen zwischen Republikaner, und linken Chaoten immer schärfer und rücksichtsloser werden würden. Jeder hatte das Gefühl, beim nächsten Mal noch härter zuschlagen zu müssen, um die gegnerische Gruppe einzuschüchtern. Meine Parteifreunde konnte ich zwar ab und zu von einer Prügelei fernhalten, aber trotzdem hatte ich Bedenken, daß es zu einer Eskalation kommen könnte, wußte ich doch, daß zumindest einige Republikaner stets Gaspistolen oder Schlagstöcke dabeihatten.

Das Problem der Gewalt von außen und in den eigenen Reihen bedrückte mich. Als Republikanerin konnte ich doch mit niemand darüber sprechen. Meine Parteikollegen meinten, sie müßten sich wehren, was ich nach den diversen Vorfällen auch nicht abstreiten konnte. Von anderer Seite konnte ich mir auch keinen Rat holen, denn die hätten die gesamte Schuld den Republikanern gegeben, nur weil die Partei eben unbeliebt war. Gewalt, wie so eine Prügelei zum Beispiel, kann man ja nicht einfach mit Faschismus gleichsetzen. Überhaupt existierte in meinem Kopf kein klares Bild davon, was einen Nazi ausmacht. Meine Parteikollegen empfand ich zu diesem Zeitpunkt jedenfalls nicht als Neonazis.

Ich entschloß mich dann, mit der Gewalt, die aus den gegensätzlichen Ansichten der einen wie der anderen Seite hervorging, während des Wahlkampfes zu leben. Meine Hoffnung war, daß, sobald sich der Streß nach dem Wahlkampf gelegt haben würde, auch die gewaltsamen Auseinandersetzungen zu Ende seien.

6. Kapitel

KONKURRENZLOS RECHTS

Der Startvorteil in Berlin

Nach dem sensationellen Einstieg mit 3,0 Prozent in Bayern dachten wir, daß sich die Republikaner gleich einem Lauffeuer im ganzen Bundesgebiet ausbreiten würden. – Ein Irrtum, wie sich bald herausstellte. In Bremen erreichte die Partei lediglich 1,2 Prozent – wir glaubten an unglückliche Umstände. Baden-Württemberg blieb noch 0,3 Prozent unter Bremen. Wir konnten es kaum fassen. Unsere Hoffnung stützte sich nun auf Schleswig-Holstein. Als am Abend des 8. Mai 1988 die Prozentangabe 0,6 für die Republikaner auf dem Bildschirm erschien, traf mich das wie ein Schlag. Es tat mir körperlich weh. Druck im Magen, im Kopf. Die Partei, für die ich mich entschieden hatte, schlitterte von einem Mißerfolg in den nächsten: Von dem Schock mußte ich mich erst mal erholen. Dann das Gefühl: nach all der Arbeit jetzt den Kopf hängen lassen? Von wegen, dachte ich mir – jetzt erst recht! Voller Einsatz voraus. Dieser Gedanke richtete mich auf. Immerhin, die AL hatte es ja schließlich auch geschafft, wider alle Unkenrufe und Anfeindungen.

Als ich am nächsten Tag in die Geschäftsstelle kam, war ich im Gegensatz zu meinen Parteifreunden nicht mehr deprimiert. »Warum bist du denn nach diesem Wahlergebnis so fröhlich?« fragte mich ein Parteimitglied, ein Polizist, Mitte Dreißig, gereizt, der mir schon immer durch seinen Opportunismus aufgefallen war.

»Schleswig-Holstein kannste vergessen. Für mich gibt's jetzt nur noch eins: unseren Berliner Wahlkampf!« gab ich ihm pragmatisch zur Antwort.

»Na, ich weiß nicht, ob man das einfach so vergessen kann. Die Schleswig-Holsteiner bekommen doch nun keine Wahlkampfkostenrückerstattung und können das Geld, das die Bundespartei ihnen vorgestreckt hat, nicht zurückzahlen. Also hat auch die Bundespartei kaum noch Geld. Das, was sie besitzt, braucht sie für die Europa-Wahl. Und wir Berliner gehen leer aus«, gab mir mein Gesprächspartner völlig frustriert zu bedenken.

Ich versuchte ihn aufzumuntern: »Klar werden sich potentielle Geldgeber zurückziehen, weil sie sich sagen, daß wir sowieso keine Chance haben. Aber die Republikaner in Bayern waren auch auf sich allein gestellt, bevor sie 1986 3,0 Prozent holten. So gut wie die Bayern sind wir Preußen schon lange. Wir haben eine gute Chance, in Berlin 2–3 Prozent zu erreichen.«

»Wieso denn das?« fragte mein Parteifreund ungläubig.

»Na, im Bundesgebiet werden die Republikaner durch die scharfe Konkurrenz der rechtsextremen Parteien, NPD und DVU bisher daran gehindert, die 5-Prozent-Hürde zu nehmen. Die haben sich 87 in einem Bündnis unter dem Namen ›DVU-Liste D‹ zusammengeschlossen. Der finanzstarke Verleger Gerhard Frey pulvert Millionen in die Wahlkampfwerbung der DVU-Liste D hinein. – Eine Summe, die wir Republikaner uns nicht leisten können. – Frey bestückt sämtliche Haushalte mit Werbematerial, macht damit stark auf sich aufmerksam und schnappt uns so Stimmen weg. Glücklicherweise sind wir die DVU-Liste D in Berlin los, da weder NPD noch DVU in der geteilten Stadt antreten dürfen. Bei der Berlin-Wahl sind wir die Partei, die konkurrenzlos rechts steht. Wollen Rechtsextremisten von ihrem Wahlrecht Gebrauch machen, werden sie sich von den Republikanern am ehesten repräsentiert fühlen.«

Mein Gesprächspartner sah mich ergriffen an. Er grinste listig und sagte: »Logisch, der Bund wird über uns staunen. Und mit mehr als mit einem guten Wahlergebnis können wir ihm ja nicht helfen. Stell dir vor, wir erreichen 5 Prozent. Bei der Europawahl stimmen dann die Protestwähler für uns. Die wissen dann, daß sie ihre Stimme nicht verschenken, wenn sie die Republikaner wählen. Menschenskind, DVU und NPD fegen wir mit einem Wisch beiseite. Und die Wahlkampfkostenrückerstattung, die wir bekommen würden«, er verdrehte träumerisch die Augen, »Alexandra, wir wären gemachte Leute.«

»Und was ist, wenn wir unter 1 Prozent bleiben?«

Der Parteifreund sah mich völlig irritiert an: »Aber du hast doch gesagt, daß wir mehr bekommen?«

»Ja, wenn alle intensiv arbeiten. Intensiv, verstehst du. Guck dir doch mal an, wie die hier deprimiert rumhängen. Mit so einem lahmen Haufen kann man doch keine Hürde nehmen, geschweige denn eine 5-Prozent-Hürde. Wir müssen uns zusammenreißen, aufraffen und arbeiten. Werben, werben und nochmals werben. Wer uns nicht kennt, wählt uns auch nicht. Noch eine Wahlniederlage, und wir sind weg vom Fenster. Ist doch klar, was dann passiert. Wir sind völlig bankrott, und die guten Leute verdrücken sich. Denen ist doch die Zeit für so 'ne Vereinsmeierei zu schade.

Wir müssen mit unseren Besonderheiten arbeiten,

Symbole schaffen. Eine Partei, die fordert, Gesamtberlin solle Hauptstadt des später wiedervereinigten Deutschlands werden, das ist was, verstehst du. Die Partei, die sich am meisten für die ehemalige Hauptstadt einsetzt, schafft ihren Durchbruch in der geteilen Stadt, das garantiere ich dir.«

Während meiner Ausführungen wurde mein Parteikollege sichtlich unruhig. Ach ja, es war 18.30 Uhr und um 19.00 Uhr erwartete ihn seine Frau zu Hause. Die fürchtete er offenbar mehr als jeden Politchaoten. Es war immer das gleiche. Kurz vor sieben verschwand der tüchtige Parteifreund und Helfer aus der Geschäftsstelle, da konnte passieren, was wollte.

Früher sagte man einem jungen Mädchen immer: »Heirate einen Soldaten. Der kann kochen, nähen und ist gewohnt zu gehorchen.« Der Gehorsam scheint auch bei manchen Polizisten gut trainiert zu sein.

Leider schaffte ich es nicht, die Bundesorganisierten von einem möglichen Wahlerfolg der Berliner zu überzeugen. Der Berliner Wahlkampf wurde gar nicht thematisiert, nur weil der Vorstand befürchtete, daß eifrige Mitglieder zuviel Geld, Arbeit und Zeit sinnlos in diese Auseinandersetzung investieren würden.

Viele Berliner Parteifreunde waren sauer auf die Bundespartei. Nur Bernhard Andres meinte ehrfürchtig: »Wir können ja nischt verlangen, daß die unserem Arbeitseinsatz vertrauen. Wir müssen se eben erst überzeugen, dann akzeptieren se uns auch.«

Klar, daß sie sich um uns kümmern würden, wenn wir Erfolg hätten. Aber wir brauchten die Unterstützung eigentlich jetzt. Ich verstand einfach nicht, wie eine superkonservative Partei dem Wahlkampf in der geteilten Stadt so wenig Bedeutung beimessen konnte.

7. Kapitel

ANDRES SORGT FÜR STIMMUNG

Beim Bundesparteitag in Dinkelsbühl

Ende November hatte wir mit Mühe und Not die nötigen Unterstützungsunterschriften beisammen, aber mit den Nerven waren wir ziemlich im Keller. Sicher, wir konnten an der Wahl teilnehmen. Das hieß aber noch lange nicht, daß wir auch ein gutes Ergebnis erzielen würden. Zwei oder drei Prozent, das wär schon was.

Zu dem ganzen Wahlstreß kamen noch Beschwerdebriefe von Bürgern: Unsere Flugblätter in ihren Briefkästen – das sei eine Unverschämtheit. Von weiteren Wurfsendungen dieser Art wünschten sie verschont zu werden.

Irgendwie schien doch alles keinen Sinn zu haben. Die Stimmung wurde immer desolater. Ich fühlte mich langsam wie ein Mitglied in einem Desperado-Club. Idealismus, neue Wege, frischer Wind – daß ich nicht lache.

Doch dann erzählten einige Mitglieder, wie überzeugt die Republikaner in Bayern waren, daß die Partei letztendlich erfolgreich sein würde. Sie sprachen von der tollen Stimmung in den Bierzelten, wenn Schönhuber redete, und jeder begann sich nach solchen Erlebnissen zu sehnen.

Wenig später kam die Nachricht, daß am 2. und 3. Dezember 1988 ein Bundesparteitag in Dinkelsbühl stattfinden sollte. Die Berliner brauchten aber nicht zu kommen, da sie sowieso kein Stimmrecht hätten. Doch für uns Berliner Republikaner war es klar: auf nach Bayern! Wo sollten wir unsere Motivation, den Glauben an den Erfolg denn sonst herholen, wenn nicht von dort? Schon der Gedanke daran ließ unsere eisige Stimmung wieder etwas über den Gefrierpunkt steigen.

Dinkelsbühl, so wurde erzählt, sei sehr romantisch mit seinem gut erhaltenen mittelalterlichen Stadtbild. Ich war gespannt und vor allem froh, zwei Tage aus Berlin rauszukommen. Bernhard Andres sollte für unsere Unterbringung sorgen und einen Bus organisieren, den er selbst fahren wollte.

Wir hatten uns am Nachmittag des 1. Dezember am Hammarskjöldplatz vor den Messehallen verabredet. Ich war als erste da und bibberte vor Kälte. Schneematsch, diesiges Grau und kein Lichtblick – nicht ein Parteifreund tauchte aus dem Nebel auf, und in zehn Minuten wollten wir losfahren. So ist das also mit der Pünktlichkeit. Die schönen Tugenden stehen wohl nur im Parteiprogramm. Oder hatten wir uns vielleicht ganz woanders verabredet? Ach Quatsch. Und endlich erblickte ich bekannte Gesichter. Auch Andres ließ nicht mehr lange auf sich warten. Sichtlich vergnügt sprang er aus dem Bus. »Mensch, seht ihr alle verfroren aus. Aber selbst schuld. Es gibt kein schleschtes Wetter, nur falsch angezogene Leute.« Himmel, manchmal konnte er mir mit seinen Sprüchen ganz schön auf die Nerven fallen. Fröhlich pfeifend machte er sich daran, Koffer und Reisetaschen zu verstauen, und dann ging's los.

Ich wollte die Fahrt dazu benutzen, Strafrecht zu lernen. Nach dem Abitur, das jetzt glücklicherweise hinter mir lag und das ich trotz meines Engagements für die Partei ganz gut bestanden hatte, bin ich nach einigem Hin und Her auf den Gedanken gekommen, Jura zu studieren. Das schien mir eine sinnvolle Grundlage für meine politischen und journalistischen Aktivitäten zu sein. Ich saß also im Bus und wollte lernen. Bei der intensiven Parteiarbeit kam ich sonst kaum noch dazu.

Andres sorgte für Stimmung. Er hatte eine Kassette mit deutschen Schlagern eingelegt, die nun unaufhörlich dudelte.

»Eine Sache ist ein körperlicher Gegenstand«, ich schloß einen Moment die Augen, um mir das Gelesene einzuprägen. »Die Sonne scheint bei Tag und Nacht«, dudelte es dazwischen. Ich las weiter: § 242 StGB, »wer einem anderen eine fremde Sache in der Absicht wegnimmt...« – »Wie eine Blume im eisigen Wind«, trällerte Nicole. Ich konnte mich einfach nicht konzentrieren. Plötzlich hielt der Bus an.

Wir waren an einem Intershop angekommen. Einige Parteimitglieder sprangen schnell aus dem Fahrzeug und rasten in den Laden. Mit Whisky-, Wodka-, Brandy-, Eierlikör- und Obstlerflaschen kehrten sie zurück. Ich wunderte mich etwas über ihr Verhalten, denn vorher hatten sie gesagt, daß sie nicht im Intershop kaufen wollten, da man damit nur den Osten unterstütze. – Na ja, ihr Bedürfnis nach Alkohol war anscheinend stärker als ihre Grundsätze.

Als wir wieder losfuhren, spielte Andres eine Kassette ab, auf der ein Interview mit mir für den SFB zu hören war. Von meinem Gesprächspartner wurden die Republikaner als Ausländerfeinde zwar ziemlich angegriffen, aber ich kam ganz gut weg. Danach wieder der penetrante Frohsinn deutscher Schlager. Einige

Parteimitglieder, die mittlerweile schon völlig im Jum waren, lallten mit und ließen eine Flasche Fusel durch die Reihen gehen. Plötzlich wurden wir angehalten. Ein Volkspolizist winkte uns an den Fahrbahnrand.

»Die haben misch als Chef der Republikaner erkannt«, meinte Bernhard mit ernster Miene, »sonst würden die misch nisch anhalten.« Die übliche Selbstüberschätzung. Nach einem kurzen Gespräch mit dem Polizisten stellte sich heraus, daß Andres lediglich zu schnell gefahren war. Er mußte 50,– DM zahlen.

Ich machte Andres ein Kompliment, weil er so gut mit dem großen Bus umgehen konnte. Bernhard sagte: »Isch fahre für Reiseunternehmen nebenberuflisch immer Bus und verdiene so Geld. So einfach ist das.«

Als streifefahrender Polizeiobermeister schien er ja, wenn auch nicht viel Geld, doch immerhin viel Zeit zu haben. Und wir konnten das Geld für den Fahrer sparen.

Nachdem ich festgestellt hatte, daß ich im Bus nicht arbeiten konnte, wollte ich wenigstens schlafen. Auch nicht möglich. Denn kaum hatte ich mein Strafgesetzbuch weggelegt, suchten die Parteifreunde meine Unterhaltung: was ich von diesem und jenem denken würde. Lobte ich einen, wurde gleich über ihn gelästert. Dann, welchen Kreisverband ich für den tüchtigsten halte? Eine ehrliche Antwort war nicht möglich, denn jeder wollte von seinem Verband das Beste hören. Als nächstes die Liebeserklärung. Ein Krankenpfleger, Mitte Dreißig, wollte seine drei Kinder und sogar seinen Hund für mich verlassen. Ich erklärte ihm, daß er doch eine sehr nette Frau hätte. Das war aber nur das Stichwort für ihn, mir seine gesammelten Erlebnisse aus der DDR und mit seiner Frau auseinanderzulegen. Was ging denn hier eigentlich vor? Erst Neid und Konkurrenzkampf untereinander und jetzt auch noch dieser obskure Herzensbrecher. Kurzum, ich hatte plötzlich das Gefühl, daß sich sämtliche Psychopathen dieser Welt bei den Republikanern zusammengefunden hatten. Lag das vielleicht alles am Alkoholkonsum der Kollegen? »Kinder und Besoffene sagen die Wahrheit.«

In Dinkelsbühl hatten wir dann zwei Unterkünfte. Den »Wilden Mann« und den »Dinkelsbühler Hof«. Klar, daß die mittleren Schnapsleichen unbedingt im »Wilden Mann« übernachten wollten. Mir war's recht, und ich freute mich auf eine ruhige Nacht im »Hof«. Plötzlich hörte ich Andres murmeln: »So ein Mist. Isch kann das Hotel nisch finden. Es muß hier sein, aber es ist nisch hier.«

Wir waren in einer Sackgasse gelandet. Er wendete den großen Bus erstaunlich geschickt, und ein Passant konnte uns dann doch noch den Weg erklären. Es war schon nach Mitternacht. Nach langem Klopfen und Rufen öffnete uns der Wirt in einem langen weißen Schlafgewand, zeigte uns unsere Zimmer und fragte, ob er uns am Morgen wecken solle. Ja, das wäre sehr nett. »Den Fahrer brauch' ich ja nicht zu wecken, der hat wohl morgen auf dem Parteitag nichts zu suchen«, meinte er. Als ich ihm erklärte, daß es nicht der Fahrer, sondern der Chef der Republikaner sei, brach er in ein Lachen aus. »Das glaube ich nicht. Das soll der Chef sein? Ich habe doch gesehen, daß er den Bus fährt. Also ist er der Fahrer. Am besten, Sie gehen jetzt schlafen. Von Berlin nach Bayern, das ist ein langer Weg. Gute Nacht.«

Ich legte mich schlafen; wurde Bernhard morgen früh eben nicht geweckt. War er selbst schuld, wenn man ihm den Landesvorsitzenden nicht glaubte.

Mit einiger Verspätung erschien Andres am nächsten Morgen zum Frühstück. Danach machten wir uns auf den Weg zur »Schranne«, einem um 1600 erbauten Fachwerkhaus, dem Schauplatz des Parteitages. Vor dem Haus verteilten junge Männer grüne Flugblätter. Ich ließ mir eins geben und las, daß die Polizei eine Demonstration gegen die Republikaner ankündigte und die Bevölkerung von Dinkelsbühl dazu aufforderte, sich vom Veranstaltungsort fernzuhalten. Heimatliche Gefühle stellten sich ein. Ist ja wie in Berlin. Ich verstand bloß nicht, warum unsere bayerischen Parteifreunde immer behauptet hatten, daß in Bayern alle Aktionen der Republikaner völlig ruhig verliefen. Na, ich wollte mich überraschen lassen, wie die hier mit den Demonstranten klarkamen.

Gleich neben der Tür zum Veranstaltungsraum stand ein riesiger Tisch, auf dem sorgfältig alle Schönhuber-Bücher aufgebaut waren, daneben lagen REP-Aufkleber, REP-Flaschenöffner, REP-Feuerzeuge, REP-Aschenbecher, REP-Nähsets, REP-Bierkrüge und REP-Kugelschreiber. Ich kaufte einige Kugelschreiber, Feuerzeuge und Aufkleber, obwohl ich schon massenhaft Werbematerial dieser Art zu Hause hatte. Aber der Kauf dieser Dinge half der Partei.

Die beiden hintersten Tische im Raum, genau entgegengesetzt der Bühne, waren für die Berliner vorgesehen. Wirklich toll, wie unsere westdeutschen Parteifreunde für uns gesorgt hatten. Als ich auf unsere Tische zusteuerte, begegnete ich Schönhuber. Er freute sich, nahm mich in die Arme, »ah, unsere schöne Berlinerin.« Ich beschwerte mich über die schlechten Plätze. Schönhuber tat das damit ab, daß die Berliner ja kein Stimmrecht für die Kandidaten zur Europawahl hätten und verschwand dann schnell wieder.

Der Raum groß und dunkel. An der Wand hinter der

Bühne ein großes Schild: »Ja zu Europa – Nein zu dieser EG – Die Republikaner.« Die Reden von Schönhuber, Neubauer und noch einigen anderen rauschten an mir vorbei. Irgendwie wetterte Schönhuber mal wieder gegen Presse und Ausländer, legte bedeutungsvolle Pausen ein und wartete auf Beifall.

Nach den Reden wurden die Europa-Kandidaten gewählt. Zig Wahlgänge waren notwendig. Plötzlich entbrannte ein bitterböser Streit darüber, wer den 10. Platz der Liste besetzen sollte. Ich fand die ganze Angelegenheit mittlerweile recht grotesk, wahrscheinlich auch deshalb, weil ich mich auf den hintersten Bänken so richtig als Zuschauer fühlte. Ich dachte, die können froh sein, wenn überhaupt ein Republikaner ins Europaparlament kommt. Und dafür betreiben die so einen Riesenaufwand. Vielleicht war so eine Aktion aber für das Zusammengehörigkeitsgefühl der Mitglieder wichtig.

Gelangweilt stand ich auf und sah zum Fenster hinaus. Vor der »Schranne« hatten ungefähr hundert Polizisten einen Halbkreis gebildet, so daß die Demonstranten, die irgendwelche Parolen brüllten und Spruchbänder hochhielten, nur mit Gewalt das Haus hätten erreichen können. Die Ordnungshüter mit weißen Helmen hatten ihre Schutzschilde schon zur Abwehr erhoben, doch die Demonstranten blieben friedlich.

Die Parteifreunde wählten immer noch. Ich beschloß, den nahe gelegenen Dinkelsbühler Weihnachtsmarkt zu besuchen. Irgendwann später würde Bernhard noch reden. Wegen des hohen Vergnügungswertes seiner Rhetorik wollte ich bis dahin wieder zurück sein. Es war schon merkwürdig: Immer versuchte er auf die Tränendrüsen zu drücken, und regelmäßig brachte er mich damit zum Lachen.

Auf dem Weihnachtsmarkt ließ ich mich eine ganze Weile mit der Menge treiben und fühlte mich wohl unter diesen flanierenden Menschen, die nicht nur an Prozente, Mehrheiten, Satzungen und Geld dachten. Die lachenden Kinder auf den Karussells und eine Tüte gebrannter Mandeln versüßten mir die bittere Parteitagsstimmung etwas.

Als ich um vier Uhr die »Schranne« wieder betrat, lag der Raum im Dunkeln. Irgendein Film wurde auf die Leinwand projiziert, nach wenigen Sekunden ging das Licht an. Die Delegierten brachen in Ovationen aus. Was denn los sei, fragte ich irritiert einen Parteifreund, der wild klatschend neben mir stand.

»Das war der Berliner Wahlspot. Die Videokassette muß ich einfach haben. Können Sie das organisieren?« Ich versprach es ihm. Der Bundesschatzmeister Pahl war so begeistert von dem Werbefilm, daß er sich trotz des Geldmangels bereit erklärte, für den Berliner Wahlkampf 5000 DM zu spenden. Wir Berliner jubelten.

Mein Blick fiel auf den Parteikollegen, der auf der Busfahrt seine drei Kinder und den Hund für mich verlassen wollte. Tränen rollten ihm übers Gesicht. Was er denn habe, erkundigte ich mich mitfühlend.

»Bernhard hat geredet«, schluchzte er. »Aber das ist doch bestenfalls ein Grund zum Lachen«, meinte ich, schon weniger mitfühlend.

»Nee, Berni war gut. Er war so gut. Er hat mir richtig das Herz aufgewühlt, verstehste?« Verstand ich nicht. Aber gut, wenn er meinte, war Andres halt zum Heulen. Na, vielleicht hatte er etwas so Rührendes gesagt, dem zarte Gemüter nicht standhalten konnten. Worüber er denn gesprochen habe, wollte ich wissen. »Ach, Alexandra, es geht nicht darum, was er sagt, sondern wie er es sagt«, er deutete auf sein Herz. »Jedes Wort von ihm trifft einen hier. Du weißt gar nicht, was du versäumt hast. Es war so wunderschön.«

Ich ging in mein Hotel. Später war ich noch mit Schönhuber und Neubauer im »Braunen Hirschen« verabredet. Die anderen Berliner Parteikollegen wollten merkwürdigerweise unter sich bleiben und gingen in den »Goldenen Hirschen«. Ich wunderte mich, warum sie überhaupt nach Bayern gefahren sind, wenn sie keinen Kontakt zu den westdeutschen Parteifreunden suchen. Im »Braunen Hirschen« unterhielt ich mich hauptsächlich mit Harald Neubauer. Ich erzählte ihm von der neuesten Ausgabe des »Berlin-Republikaners«, auf die ich wirklich sehr stolz war. Vor allem inhaltlich war es meine erste Zeitung, die ich richtig gelungen fand. Neubauer erklärte mir, mit welcher Taktik er sich in Bayern als Landesvorsitzender gegen seine Widersacher durchsetzen wollte. Das dauerte den ganzen Abend, aber ich war selig, mal etwas von anderen Problemen zu hören. Der Berliner Wahlkampfstreß schien hier ganz von mir abzufallen. Mit Neubauer fühlte ich mich wohl. Ich tankte Kraft.

Als ich mich am nächsten Tag mit meinen Berliner Parteifreunden wieder auf den Heimweg machte, waren aber auch sie bester Stimmung. Der Ausflug nach Bayern schien jeden auf seine Art zufriedengestellt zu haben.

Wieder in Berlin, begannen Bernhard und ich gleich die große Wahlkampfveranstaltung zu planen, die am 18. Januar 1989 im ICC stattfinden sollte. Auch die anderen stürzten sich sofort in die Arbeit und überlegten, wann und wo wir die nächsten Informationsstände machen sollten. Der Spandauer Wahlkampfleiter *(3 Kinder + 1 Hund)* bat mich, dafür zu sorgen, daß unsere Informationsstände von der Polizei geschützt würden, er käme mit den Ordnungshütern nicht zurecht. Ich verstand zwar nicht, warum *3 Kinder + 1 Hund* mit der Polizei nicht klarkam, doch wollte ich ihm gerne behilflich sein.

Gleich am nächsten Tag rief ich bei der Polizei an und fragte, ob sie unsere Informationsstände am Sonnabend schützen könne.

Entrüstung am anderen Ende des Telefons: »Gar nichts werden wir tun, bringen Sie erst mal Ordnung in Ihren Sauhaufen. Das, was Sie sich das letzte Mal mit uns erlaubt haben, lassen wir uns nicht noch einmal bieten!«

Was denn passiert sei, fragte ich ahnungslos.

»Was passiert ist? Na, hören Sie mal, da gibt sich einer als Wahlkampfleiter der Republikaner aus und bestellt uns für 10 Uhr an einen Treffpunkt. Als um 11 Uhr immer noch keine Spur von den Republikanern zu sehen ist, ziehen wir ab... Eine halbe Stunde später ruft uns der Wahlkampfleiter wieder an und erkundigt sich vorwurfsvoll, wo wir denn blieben. – Wir fahren wieder raus, treffen auch tatsächlich Ihre Leute. Der Leiter Ihrer Truppe verteilt ungefähr eine dreiviertel Stunde Flugblätter, packt dann seine Sachen zusammen und erklärt, daß die Republikaner jetzt in die Geschäftsstelle gehen. Wir fragen noch, wollt ihr Begleitschutz bis zur Geschäftsstelle? Nö, heißt es, da kommen wir auch alleine sicher an. Wir Polizisten fahren wieder aufs Revier. Die Republikaner, froh, daß sie uns ausgetrickst haben, ziehen natürlich nicht in die Geschäftsstelle, sondern auf den Spandauer Marktplatz, wo es von Linken und Chaoten nur so wimmelt. Der Angriff ist sozusagen vorprogrammiert. Wenig später ruft der Wahlkampfleiter, der sich gerade noch retten konnte, bevor der Stand demoliert wurde, wieder bei uns an und beschwert sich darüber, daß wir nicht da seien, aber die Polizei sei ja nie da, wenn man sie braucht und all so was... Sie verstehen sicher, daß es uns unter diesen chaotischen Umständen nicht möglich ist, Ihre Partei zu schützen. Sie arbeiten nicht mit uns zusammen, sondern versuchen uns auszutricksen. Da sehen Sie mal, wie Sie alleine klarkommen.«

Erst mal war ich wie erschlagen. Dieser Wahlkampfleiter, dieser Idiot, wie konnte er sich erdreisten, so mit der Polizei umzuspringen, die wir doch dringend brauchten? Und dann bringt er mit seinem Verhalten auch noch die anderen Parteifreunde in Gefahr. Wie bloß sollte ich die Polizei überzeugen, daß sie uns unbedingt wieder zur Seite stehen mußte.

Natürlich war ich, nachdem ich mir diese Arie angehört hatte, darauf gefaßt, daß ich jetzt eine wahnsinnsrührende Ansprache halten müßte, um die Polizei wieder zu einem Geleitschutz zu überreden. Aber es bedurfte nur weniger Worte der Entschuldigung, und schon waren sie wieder mit von der Partie. Ich war froh. Das kam mir fast so vor wie in einer Ehe. Da zickt der eine mal ein bißchen, wenn der andere einen Fehler gemacht hat, aber das tut der Sache keinen Abbruch.

Doch mit unserem Wahlkampfleiter konnte es nicht so weitergehen. Sein chaotisches Verhalten, das war klar, würde nicht überall auf soviel Nachsicht stoßen wie bei der Polizei. Auf jeden Fall mußten wir mit ihm reden. Aber weder der Kreisvorsitzende von Spandau noch ich konnten den Parteifreund für sein Verhalten zur Rechenschaft ziehen, ohne daß *3 Kinder + 1 Hund* in Tränen ausbrach. Ich beherrschte mich und versuchte beruhigend auf den Parteifreund einzuwirken.

Bei dem robusten Kreisvorsitzenden hatte er schon weniger Glück. Der rastete aus und brüllte den Parteikollegen an, daß er es zum hundertsten Mal geschafft hatte, aus eigentlich problemlosen Sachen mittlere Katastrophen zu machen. *3 Kinder + 1 Hund* verwandelte sich augenblicklich in eine Heulboje und legte all seine Pöstchen nieder.

Genervt fragte der Vorsitzende, ob er ihm nun einen Lolli geben solle oder was.

»Nee«, kam schluchzend die Antwort, »'n Lolli hilft mir auch nicht. Und überhaupt, ich geh' zu Berni (Bernhard Andres). Der versteht mich. Wir sind aus einem Holz. Ich meine, beide so sensibel.« Wir ließen ihn ziehen. Wenig später kam er fröhlich pfeifend zurück. Andres schien ihn wirklich zu verstehen. Unser Parteifreund sagte, daß er Berni zuliebe doch bleiben wolle, und seine Posten wolle er auch wiederhaben.

Diese Situation hatten wir mindestens einmal in der Woche. Der Kreisvorsitzende wußte nicht, wie lange er das noch durchstehen würde.

Ich interessierte mich dafür, wie Andres *3 Kinder + 1 Hund* immer wieder so schnell auf Vordermann bekam. Schließlich war er ja unser Wahlkampfleiter.

Bernhard sah mich mit seinem breiten Lächeln an: »Das kann isch eusch nisch erklären, das muß vom Herzen kommen.«

Da der Kreisvorsitzende und ich nicht das Herz-an-Herz-Gefühl zu *3 Kinder + 1 Hund* aufbauen konnten, blieb dieses wichtige therapeutisch-zwischenmenschliche Moment Bernhard vorbehalten.

Auch wenn ab und zu kleine Pannen passierten – nach dem Dinkelsbühl-Ausflug machte mir die Parteiarbeit wieder richtig Spaß. Das schien meinen Parteifreunden ganz ähnlich zu gehen. Auf der Reise hatten sie ein starkes, wenn auch ziemlich diffuses Gemeinschaftsgefühl entwickelt, vielleicht so was wie »die preußischen Republikaner gegen den Rest der Welt.« Richtig erklären konnte ich mir das auch nicht, schließlich hatte ich ja den Kontakt zu den Westdeutschen gesucht, während meine Berliner Parteifreunde sich vom inoffiziellen Parteitagsgeschehen zurückgezogen hatten. Dinkelsbühl muß so eine Art Flitterwochen für sie gewesen sein. Jedenfalls arbeiteten sie mit fieberhaftem Eifer für die Wahl, die dann so was wie der Bau eines Eigenheims für sie bedeutet haben muß.

8. Kapitel

»SPIEL MIR DAS LIED VOM TOD«

Ein umstrittener Wahlspot

Jeder Partei stehen kurz vor der Wahl kostenlos Werbesendezeiten in Hörfunk und Fernsehen zur Verfügung. Klar, daß auch wir diese Chance nicht ungenutzt lassen wollten. Also trafen sich die Landesvorstandsmitglieder in der Geschäftsstelle, um über unsere Werbesendungen zu diskutieren.

»Isch würde sagen, wir kümmern uns erst um den Fernsehspot, die Sache für das Radio machen wir später«, sagte Andres und kümmerte sich erst mal um seinen Bacardi-Cola. Ohne den schien bei ihm nichts mehr zu laufen.

Für Fernsehaufnahmen galt Michael Häusler, der auch schon bei unseren Sendungen im »Offenen Kanal« Regie geführt hatte, als Fachmann.

Nach einigen Schlucken Bacardi kam Andres auf die glänzende Idee, Häusler zu fragen, ob er schon eine Idee habe. Hatte er. »Wirklich prima, Mischa«, sagte Andres, »und was willst machen?«

Häusler erklärte, daß er Ansichten der Stadt Berlin, nur mit Musik unterlegt, zeigen wolle. Was für Aufnahmen das sein würden, wußte er noch nicht so recht. »Zum Schluß kann Bernhard noch etwas über die Republikaner sagen«, beendete er seine Überlegungen.

»Ob Andres das wirklich kann?« Mir erschien das fragwürdig, wenn ich ihn so betrachtete, aber ich unterdrückte meine Zweifel. Somit war das Thema Werbespot erst mal abgehakt. Häusler war also für die Sendung zuständig und würde teilweise mit Andres zusammenarbeiten. Längere Zeit hörte ich nichts mehr von unserem Werbefilm. Eines Tages sagte Bernhard: »Isch habe noch eine großartige Idee für unseren Fernsehspot.«

»Noch eine?« fragte ich etwas erstaunt.

»Ja, eine wirklisch prima Idee. Als letztes Bild zeigen wir, daß isch sage: ›Und wir werden immer mehr‹, die Kamera geht langsam auf und zeigt lauter Republikaner, die neben mir stehen. Isch habe Mischa schon den Vorschlag gemacht. Der ist ganz begeistert. Am Sonntag müßt ihr alle zu mir kommen, dann machen wir die Aufnahmen.« Meine Begeisterung hielt sich in Grenzen. Hatte ich nicht schon genug zu tun – jeden Sonnabend die Infostände, die Vorbereitungen für das ICC und dann noch all die anderen Sachen, die routinemäßig anfallen. »Nee«, sagte ich entschlossen, »ich komm' am Sonntag nicht. Irgendwo hat auch meine Belastbarkeit eine Grenze. Mir reicht's.« Und dann Andres' Gesicht. Ich fürchtete fast, er würde jetzt auch wie *3 Kinder + 1 Hund* in Tränen ausbrechen. »Du willst nisch kommen? Das geht nisch. Du mußt kommen. Ohne disch geht das nisch. Wirklisch.« Den Nerv zu einer grundsätzlichen Auseinandersetzung hatte ich in dieser Situation nicht mehr. Also gab ich mich erst mal geschlagen und ging am Sonntag zu Bernhard. Wir machten zig Aufnahmen. Bei der ersten war ich die einzige, die lachte, in den anderen Gesichtern nichts als Griesgram. Danach war ein Kabel im Bild zu sehen und ein anderes Mal versprach sich Bernhard.

Zwischendurch ging ich dann mal ins Badezimmer. Dem Anblick, der sich mir dort bot, hielten meine mittlerweile schon arg strapazierten Nerven kaum noch stand. Ein lebloser Mädchenkörper hing über der Toilette. Im Arm steckte eine Spritze. Eine Drogentote in Bernhards Badezimmer. Ich schrie auf.

Das Mädchen drehte sich ruckartig um, sah mich an und fragte mit unschuldigem Blick: »Wirke ich echt?«

Einen Augenblick lang war ich fassungslos, hielt mich an der Türklinke fest und versuchte mich wieder zu sammeln. Langsam verwandelte sich mein Schock über diesen Anblick der vermeintlichen Drogentoten in Wut. Ich fragte das Mädchen, das ich zuvor noch nie gesehen hatte, ob sie wahnsinnig sei.

Gelassen und kühl sah sie mich an: »Wieso? Ich weiß wirklich nicht, was du willst. Sei doch froh, daß sich jemand für die Rolle gefunden hat. Häusler und Andres haben mich darum gebeten.«

Langsam wurde mir klar, was hier gespielt wurde. Das Mädchen hatte in Bernhards Badezimmer für den Werbespot geprobt, in dem es auch um Drogentote in Berlin gehen sollte. Davon hatten sie mir bisher noch nichts erzählt.

Langsam hatte ich die Nase voll von diesem Spot. Sollten sie doch machen was sie wollten. Aber ohne mich.

Am 2. Januar 1989 holte Bernhard mich zu Hause ab, und wir fuhren ins Tonstudio, um an der Wahlsendung für den Hörfunk zu arbeiten. Wir hatten uns ein Interview vorgestellt. Ich fragte – und Andres antwortete. An diesem Tag hatte ich das Gefühl, als fühlte sich Andres herausgefordert, unbedingt unter Beweis zu stellen, daß er nicht nur blöd tat, sondern tatsächlich blöd ist. Ständig versprach er sich, verpaßte den Einsatz – und bei all dem nicht das geringste Gespür für Betonungen. Häusler, der die Aufnahmen machte, rastete aus. Er muß sich vorgekommen sein, wie einer, der versucht, einem Kamel das Sprechen beizubringen. Er brüllte Bernhard an, dann redete er ihm wieder gut zu, doch sein Dressurakt blieb erfolglos. Schließlich gaben wir es auf.

Häusler sah auf die Uhr und meinte, daß der Fernsehwerbespot gleich ausgestrahlt werden würde, ob wir uns den nicht mal ansehen wollten. Klar, wollte ich. Von dem Andres-Theater hatte ich jedenfalls erst mal die Nase voll. Häusler trieb dann ein Mini-Fernsehgerät auf, und grade als wir es anstellten, tönte es: »Parteien zur Wahl – Eine Information der Republikaner.« Dann lief der Film ab. Mag sein, daß es an der nervenaufreibenden Arbeit mit Bernhard im Tonstudio lag, viel blieb von dem Spot jedenfalls nicht bei mir hängen. Später auf diese Wahlwerbung angesprochen, erinnerte ich mich nur an brennende Autos, schwarzmaskierte Chaoten und weiße Kreuze. Der Film wirkte irgendwie gruselig und unsympathisch auf mich. Warum, das konnte ich auch nicht so recht erklären, es war einfach so ein Gefühl. Meine Reizschwelle bei Gewalt- und Gruselfilmen liegt ohnehin recht niedrig, so daß ich mich längst daran gewöhnt habe, von Dingen geschockt zu sein, die andere noch ganz normal finden. Vielleicht reagierte ich einfach mal wieder überempfindlich. Häusler und Andres verbrüderten sich beim Anblick dieses Films gleich wieder, sie waren völlig aus dem Häuschen. Aber schließlich war dieser Horrorstrip ja auch auf ihrem Mist gewachsen. Häusler schien meine Skepsis zu bemerken und versuchte mich zu überzeugen: »Leute aus der Fernsehbranche, denen ich unseren Film gezeigt habe und die auch die Filme der anderen Parteien kennen, meinten, unser Spot sei werbetechnisch der beste.«

Okay Jungs, ihr müßt es wissen, dachte ich mir.

Am nächsten Tag, dem 3. Januar 1989, blieb zunächst auch alles ruhig. Keine besondere Reaktion auf unseren Spot. Am 4. Januar lasen wir in der Presse, daß Barbara John, die Ausländerbeauftragte in Berlin, Strafanzeige wegen Volksverhetzung gegen die Republikaner gestellt hatte. Unsere Partei habe türkische Kinder gezeigt, während die Filmmelodie »Spiel mir das Lied vom Tod« abgespielt wurde.

Daß unser Werbefilm mit dieser Musik unterlegt worden war, hatte ich überhaupt nicht wahrgenommen. Namen und Titel sind bei mir so eine Sache. Also erfuhr ich das jetzt erst aus der Presse. Und an die türkischen Kinder konnte ich mich auch nicht erinnern. Wozu sollten denn Kinder in unserem Spot herumlaufen? Aber wenn die John schon Strafanzeige stellte, mußte wohl irgendwas dran sein.

Wir überlegten uns erst einmal, wie wir am klügsten vorgehen sollten. In der Presse zu sein, war schon mal gut. Schlechte Werbung ist besser als gar keine. Die Leute hörten unseren Namen, und das Theater mit der John kostete uns keinen Pfennig. Da mußten wir dranbleiben.

Der Jurastudent, der mir bei unserer ersten Parteizeitung so hilfreich zur Seite gestanden hatte, meinte, das Beste wäre, gegen die John Strafanzeige zu stellen. Wegen Verleumdung und falscher Verdächtigung. Und außerdem müßten wir sie zum Rücktritt auffordern. Die Frau sei bei großen Teilen der Bevölkerung eh unbeliebt. Und wenn die Bürger sähen, wie wir gegen die John vorgehen, dann würden sie uns gleich sympathisch finden. Dabei sah er uns lachend an. Ganz schön pfiffig, dachte ich mir, wahrscheinlich hat er recht. Auch die anderen waren von seinem Vorschlag begeistert.

Noch am 4. Januar stellte Andres Strafanzeige gegen Barbara John – von einigen REPs »Türkenbärbel« genannt – und forderte sie in einer Presseerklärung zum Rücktritt auf. Die Parteikollegen meinten, daß das das mindeste sei, was sie erwarten konnte: Schließlich hatte sie nicht nur behauptet, daß wir mit unserm Spot den Türken in Berlin den Tod wünschten, sondern sie hatte auch noch den SFB-Rundfunkrat aufgefordert, den Werbespot der Republikaner nicht mehr ausstrahlen zu lassen. Sie brauchte sich natürlich keine Gedanken darüber zu machen, wo wir so schnell einen anderen Film herbekommen konnten. Das war jetzt unser Problem.

In vierzehn Tagen einen anderen Spot herzustellen, war nicht nur technisch, sondern vor allem finanziell für uns unmöglich. Die Werbung im Fernsehen brauchten wir aber unbedingt. Es gab nur eine Lösung. Wir mußten den alten Film irgendwie durchkriegen. Nach zwei, drei Tagen erklärte der Justitiar des SFB-Rundfunkrates in der Berliner Abendschau, daß der SFB den Werbespot senden müsse, da er keinerlei inhaltliche Zensur vornehmen dürfe – es sei denn, es würde sich ganz offensichtlich um strafrechtlich relevante Tatbestände handeln. Bei den Republikanern sei das nicht der Fall. Der Justitiar verwies auf ein früheres Urteil im Zusammenhang mit einem Werbespot des Kommunistischen Bundes Westberlins (KBW). Der SFB hätte diesen Film auch senden müssen, obwohl der KBW darin die Diktatur des Proletariats proklamierte.

Der Rundfunkrat schien also der Forderung von Barbara John nicht Folge zu leisten. Wir waren total erleichtert.

Leider war unsere Freude nur von kurzer Dauer. Einige Tage bevor unser Wahlspot zum zweiten und letzten Mal gesendet werden sollte, kam der Rundfunkrat dann doch noch zu der Einsicht, daß unser Film volksverhetzend sei. Wir sollten einen anderen einreichen.

Damit hatten wir nun gar nicht mehr gerechnet. Weil dieser Beschluß so kurzfristig kam, traf er uns natürlich besonders hart. Glücklicherweise war Schönhuber gerade in Berlin. Er war zur großen Wahlkampfveranstaltung der Republikaner im ICC Berlin als Hauptredner eingeladen worden. Der Bundesvorsitzende und Häusler arbeiteten schnell an einem Ersatzspot. Wir anderen versuchten indessen, unseren alten Wahlbeitrag wieder frei zu bekommen. Die Republikaner beantragten eine einstweilige Anordnung beim Verwaltungsgericht.

Genau zu dieser Zeit flatterte uns eine einstweilige Verfügung des Landgerichts Berlin ins Haus. Die Republikaner dürften ihren Spot nicht mehr senden, weil in diesem Film eine Kindergärtnerin zu sehen sei, die bereits Drohungen wegen ihrer Mitwirkung erhalten habe. Am 19. Januar, so um die Mittagszeit, entschied das Verwaltungsgericht, bei dem wir die einstweilige Anordnung beantragt hatten, daß die Republikaner ihren Werbefilm doch senden dürften.

Himmel, war das ein Hin und Her! Aber uns konnte das nur recht sein, denn dieser ganze Hickhack ging durch die Presse. Am Abend würden Tausende vor dem Fernseher sitzen und gespannt darauf warten, ob unser Spot kommt oder nicht. Wir waren bekannt!

Allerdings gab es noch das Problem mit der Kindergärtnerin, wegen der wir nicht senden durften. Meine Parteifreunde entschieden: »Wir senden trotzdem!«

Am Abend hockte ich mit ihnen gespannt vor dem

Fernseher. Zuerst kam die Berliner Abendschau. Am Ende der Sendung wurde darauf hingewiesen, daß der Wahlspot der Republikaner nun doch ausgestrahlt werde. Polemisch machten sie unsere Partei nieder. Ich habe mich so darüber aufgeregt, daß ich hinterher gar nicht mehr wußte, was sie tatsächlich über uns gesagt hatten.

Meine Parteifreunde beruhigten mich damit, daß die tendenziöse Abendschau nur deutlich mache, wie die Medien versuchen, den Bürger zu beeinflussen. Vielleicht hatten sie recht. Ah, jetzt kam er, unser Wahlspot. Ich sah ihn mir diesmal ganz genau an.

Zuerst wurde Berlin nach 1945 gezeigt: völlige Zerstörung, Trümmerhaufen, zerbombte Häuser. Diesem Bild wurde das heutige Berlin gegenübergestellt; das Zentrum, Kurfürstendamm, schöne Wohnungen, saubere Straßen – nach der Aufbauphase. Dann sind Chaoten zu sehen, die schwarzmaskiert durch die Straßen rennen. Die Musik, die bis dahin noch leise im Hintergrund war, wird schlagartig laut. Ich zucke zusammen. An einer weißen Wand ist zu lesen: Polizei/SA/SS. Dann wird ein Arbeitsamt gezeigt, türkische Läden, eine türkische Hochzeit, eine Kindergartengruppe, überwiegend mit türkischen Kindern. Dann die Drogentote (aus Andres' Badezimmer!) und ein schwarzes Kreuz. Die Musik wird lieblicher. Wie ein großes Finale wirkt die musikalische Untermalung, als ein Dampfer auf die Berliner Mauer zufährt. Nun ein Schwenk auf Massen von weißen Kreuzen. Das Abschlußbild ist ein Kreuz, das mit einem Kranz geschmückt ist. Der Tod der Stadt. Der Werbespot ist noch nicht zu Ende. Das Gefühl, das ich nach diesem Teil des Films hatte, kann ich kaum beschreiben. Türken, Kreuze, Tod, Chaoten, die durch die Stadt rennen und zerstören – die diffuse Angst, die damit ausgelöst wird, erzeugt Aggressionen. Auch bei mir – gegen den Film. Durch die Koppelung dieser Bilder mit der pathetischen Musik stauten sich die Eindrücke an. Ich hoffte immer darauf, daß irgend jemand etwas dazu sagt, aber es kam nichts, nur immer wieder diese Musik, die mich fast krank machte. Das einzige Bild, das mir Ruhe gab, war der Dampfer, der auf die Mauer zufährt. Paradox, wo die Berliner Mauer doch sonst eher Beklemmung auslöst. Aber in dieser Szene wirkt die Musik wie bei einem Happy-End, und auch die hellen Farben des Dampfers hatten diese Wirkung. Die Intention von Häusler an dieser Stelle verstehe ich nicht, aber wenigstens ein Lichtblick in diesem Film, auch wenn es die Mauer ist.

Die Interpretation bleibt bis dahin ganz dem Zuschauer überlassen. Zu sehen sind nur Bilder unserer Stadt – ohne Kommentar. »Spiel mir das Lied vom Tod« gibt zwar einen makabren Anstrich, aber im Endeffekt ist das auch nur eine Interpretation. Erst der zweite Teil des Werbespots macht deutlich, was die Partei wirklich meint.

Andres schwingt sich zu einer Deutung auf. Er spricht vom Wiederaufbau der Stadt nach 1945 und den heutigen Mißständen. Überfremdung, Wirtschaftsasylanten, Chaoten und die unsägliche Teilung unserer Stadt seien Auswüchse der bisherigen Politik. Die Aufzählung beginnt schon mal mit dem Wort »Überfremdung«.

Als Schönhuber einmal auf die türkischen Kinder angesprochen wurde und die makabre Begleitmusik, meinte er scharfsinnig, bei diesem Bild seien auch deutsche Kinder zu sehen. Das ist richtig, und trotzdem Haarspalterei, weil es in dieser Szene nicht um die zwei deutschen Kinder geht, sondern ganz klar um die Ausländer. Arbeitsamt, türkische Läden und Restaurants, türkische Hochzeit, deutlicher geht's nicht mehr, und Andres spricht es im zweiten Teil ja auch aus. Schönhuber versuchte sich ganz billig rauszureden.

Ich halte diesen Werbespot für bedenklich, nicht nur wegen der Kinder und der Musik, sondern vor allem, weil er durch seine suggestive Wirkung Aggressionen erzeugt.

Damals, das muß ich zugeben, war ich trotzdem froh, daß der Film gesendet wurde.

Ich hatte das Gefühl, jetzt stehen uns die Türen für einen Wahlerfolg offen. Leute, die sich von der hohen Zahl der Ausländer in unserer Stadt bedroht fühlen, wußten nun, daß wir etwas dagegen unternehmen wollten. Hinzu kamen die von den Altparteien Enttäuschten und die Sensationshungrigen, die von dem Wirbel, den unsere Partei verursacht hatte, magisch angezogen wurden. Nach der zweiten Ausstrahlung klingelte in unserer Geschäftsstelle pausenlos das Telefon.

Die Leute wollten Informationsmaterial, Einladungen zu Republikaner-Veranstaltungen und Aufnahmeanträge. Allein im Januar hatten wir einhundert Neuaufnahmen. Für uns war das damals unvorstellbar viel.

Nach kurzer Zeit wurde die Anzeige, die Barbara John gegen die Republikaner wegen Volksverhetzung gestellt hatte, vom zuständigen Staatsanwalt eingestellt. Allerdings wurde die Anzeige der Republikaner wegen Verleumdung und falscher Verdächtigung auch nicht weiter verfolgt.

Der Anwalt der Kindergärtnerin, die in unserem Werbespot zu sehen gewesen war und beim Landgericht Berlin eine einstweilige Verfügung erwirkt hatte, beantragte vor Gericht eine Zwangsgeldfestsetzung wegen Zuwiderhandlung der Republikaner gegen die Verfügung des Landgerichts.

Wir verteidigten uns damit, daß es Quatsch sei, jetzt noch gegen die Republikaner vorzugehen, da wir den Spot nicht mehr senden würden. Unserer Partei standen vor der Berliner Wahl keine weiteren Sendetermine mehr zur Verfügung.

Dennoch befürchtete der Anwalt der Kindergärtnerin, daß der Werbefilm von uns möglicherweise noch für den Wahlkampf in Hessen und die Europawahl benutzt würde.

Das Ergebnis dieser Auseinandersetzung war, daß die Republikaner den Werbefilm nicht mehr senden durften und die Gerichtskosten übernehmen mußten. Aber das war nur noch ein Problem am Rande. Entscheidend war zu dieser Zeit, daß uns der Durchbruch gelungen war. Und wem hatten wir das zu verdanken? Barbara John, die Schönhuber belustigt unsere tüchtigste Wahlkampfhelferin nannte. Für uns ein preiswerter und effektiver Wahlkampf. Wir waren bekannt und konnten uns weitere Werbung getrost sparen.

Es ging nur noch darum, das Gerede um unsere Partei weiterlaufen zu lassen, mindestens bis zur Wahl.

9. Kapitel

VIEL BLABLA UND BACARDI

Die Großkundgebung im ICC Berlin

Durch den Riesenrummel um unseren Wahlspot traten alle anderen Aktionen der Republikaner erst mal in den Hintergrund. Genau in diese Zeit fiel aber auch unsere Wahlkampfveranstaltung im ICC. Schon im Herbst 88 hatten wir im Landesvorstand beschlossen, vor der Wahl noch mal ganz groß aufzutreten.

Soweit ich es beurteilen kann, war Bernhard Andres im allgemeinen mit Talenten nicht gerade reich gesegnet, aber eins hatte er ganz offensichtlich: Organisationstalent. »Wir müssen das unbedingt im ICC machen. Das gibt uns den Anstrisch von Seriosität, sag' isch mal. Ihr versteht, was isch meine?« fragte er. Wir verstanden schon, aber die Kosten für die Miete eines Saals im ICC – ist er denn größenwahnsinnig geworden? Solche Gedanken erschienen Andres nun wirklich spießbürgerlich. »Ihr müßt endlisch lernen, im großen Rahmen zu denken. An eine Partei könnt ihr nicht so kleinlisch rangehen, als wenn ihr zu Hause wirtschaftet. Isch sage eusch, wenn am 29. 1. noch eine Mark in unserer Kasse ist, haben wir einen schleschten Wahlkampf geführt!« Bernhard sah uns an wie ein entnervter Lehrer eine Horde Vollidioten, denen er das Abc beibringen soll, das sie eh nie kapieren würden. Mit dem Anschein tiefster Verzweiflung griff er nach seinem Bacardi. Es folgten noch einige Wortgefechte, aber bevor er völlig besoffen war, gaben wir uns geschlagen. Bernhard stellte sichtlich erleichtert sein schon mehrmals nachgefülltes Glas auf den Tisch und unterbreitete uns zwei Raumvorschläge: einmal den Dachgarten für 300 Personen und einen größeren Saal für 800 Leute. »Isch persönlich bin für den größeren Saal. Der kostet nur 1000 DM mehr, und wir dürfen nisch vergessen – der Bürger will uns sehen, uns erleben, uns anfassen. Die Gelegenheit müssen wir ihm geben.«

Ich hatte Bedenken. Was denn wäre, wenn wir den Raum nicht vollbekämen. Die Presse würde sich doch wieder über uns lustig machen und über die leeren Plätze berichten, um zu zeigen, wie unbeliebt wir sind.

Andres war entrüstet: »So ein Quatsch! Natürlisch kriegen wir den Raum voll. Die Parteimitglieder mit ihren Angehörigen, das sind doch schon 400 Leute. Dann bringt jeder dieser 400 noch einen Freund mit und wir sind 800. Ein bißschen mitdenken, Freunde, mitdenken!«

Nun gut. Ob seine Rechnung aufgehen würde, müßte sich noch zeigen. Doch schließlich gab der Landesvorstand nach, und wir mieteten den größeren Saal.

Ein Parteifreund, ein junger Betriebswirt, und ich sollten den Abend planen und die Moderation übernehmen. Andres wollte eine Mischung aus Show und Politik. »Ihr müßt das so gut machen, daß Hollywood dagegen der letzte Scheiß ist«, erklärte er mit völlig ernster Miene.

Der junge Betriebswirt und ich wußten nun also, was wir zu tun hatten. Wie lange sollte die Veranstaltung eigentlich dauern? »Zweieinhalb Stunden«, sagte Andres, »länger können wir uns die Miete nicht leisten.«

Also planten wir eineinhalb Stunden für die Reden von Andres und Schönhuber ein, in der restlichen Zeit wollten wir unseren Werbespot zeigen und die Kandidaten für das Abgeordnetenhaus vorstellen. Blieb nur noch die Frage, wohin mit der Show, die Hollywood in den Schatten stellen sollte. Dabei hatten wir die Rechnung auch noch ohne Schönhuber gemacht.

Der Bundesvorsitzende empörte sich: »Was, nur anderthalb Stunden Redezeit für mich und Andres zusammen? Nein, das geht net. Kinder, seht mal, da hätt' i ja höchstens eine Stunde für meine Rede. I brauch' schon anderthalb Stunden für mich allein. Sonst kann i net die richtige Stimmung im Saal erzeugen. Dann komm' i lieber gar net!«

Als wir ihm erklärten, daß wir aus finanziellen Gründen den Raum nur für zweieinhalb Stunden zur Verfügung hätten, stellte er uns ganz klar vor die Alternative, ihm entweder sein verlangtes Zeitbudget einzuräumen oder auf ihn zu verzichten.

Echt super. Soviel Verständnis vom eigenen Parteichef hatten wir gar nicht erwartet. Aber was interessierte Schönhuber die Partei, Hauptsache, er stand im Mittelpunkt. Moment mal, hatte Neubauer mir nicht in München erklärt, Schönhuber sei die Partei und die Partei sei Schönhuber? Jetzt erst ging mir der Satz richtig auf. Führer befiehl, wir folgen dir, oder was? Also ein Ultimatum und weder finanzielle noch ideelle Unterstützung. Ich bin zwar nie auf Schönhuber so abgefahren wie viele andere Parteifreunde, aber jetzt war ich zum ersten Mal richtig enttäuscht von ihm.

Mit seinem politischen Idealismus schien es ja nicht weit her zu sein. So wenig Einsicht und soviel Starrsinn. Nach diesem Gespräch kam es mir jedenfalls so vor, als würde er die Politik nur als Kulisse für seine

Selbstdarstellungen benutzen. Sollte er doch zum Theater gehen, geprobt hatte er ja schon oft genug. Theater – Bühne – und dann fiel bei mir der Groschen. Genau das war's. Schönhuber zieht die Show ab, die Hollywood in den Schatten stellt.

So hatte ich mir das alles nicht vorgestellt. Politik und Show – hintereinander, jedes für sich – okay. Aber so als Cocktail serviert, wo man nicht mehr weiß, was nun Politik und was Show ist?

Meine Vorstellungen, die ich mir noch vor ein, zwei Jahren von einer zukunftsorientierten Politik gemacht hatte, gerieten immer mehr ins Wanken: seriöse, besonnene Politiker, die ihre Person bescheiden in den Dienst der guten Sache stellen und vor allem glaubwürdig sind. Die, wenn sie Zuverlässigkeit und Ehrlichkeit proklamieren, auch mit ihrer Person für diese Werte gradestehen. Mein Idealismus, mit dem ich bei den REPs angetreten war, war in der letzten Zeit einem armseligen Rest Pragmatismus gewichen. Die aufbauende Wirkung, die Neubauer in Dinkelsbühl auf mich gehabt hatte, hielt schließlich auch nicht ewig. Na, und Dr. Wenzel, der war auch noch so was wie ein Vorbild für mich gewesen, klug, ruhig und hilfsbereit, ein Mensch, an dem ich mich aufrichten konnte. Aber der war ja weg. Auch andere, die zumindest einen Anstrich von Seriosität hatten, wie Professor Weinschenk. Und ich mußte mich jetzt mit Showmaster Schönhuber rumschlagen und mit diesem fragwürdigen Polizisten, der sich mit viel Blabla und Bacardi immer wieder bemühte, einen Landesvorsitzenden darzustellen.

Jetzt fing auch Andres an zu meutern. Mit einer halben Stunde Redezeit würde er nicht klarkommen, er bräuchte mindestens eine Dreiviertelstunde.

Irgendwie war mir das alles plötzlich scheißegal. Sollte Schönhuber doch seine Personality-Show haben und Andres dazu. Also: Schönhuber-Zauber und Andres-Hokuspokus: – abrakadabra, und schon hatten wir eine Wahlkampfveranstaltung. Wenn die Bürger auf dieses Simsalabim hereinfallen würden, hätten sie es nicht besser verdient. Würden die Kandidaten für das Abgeordnetenhaus eben nicht vorgestellt werden. Wahrscheinlich interessierte sich sowieso keiner für die Leute, die die tatsächliche Arbeit leisten. Stars und Demagogen sind gefragt. Für Schönhuber mußten wir dann noch eine kugelsichere Staatskarosse mieten. 800 DM kostete das. Ich überlegte mir, was wohl eine Ritterrüstung für Andres kosten würde. Er stand doch so auf Rittergelage. Das hatte sich ja schon beim ersten Republikaner-Ball gezeigt. Wenn er schon nicht *für* das gradestehen konnte, was er versprach – eben für all die schönen deutschen Tugenden, die er sich auf seine Fahne geschrieben hatte –, dann würde er durch die Rüstung wenigstens genötigt werden, *bei* dem, was er sprach, gradezustehen.

Und wenn schon Karneval, dann richtig. Ich könnte mir ja eine Federboa umlegen und einen Seiltanz einstudieren. Aber vielleicht war ich jetzt nur durch die viele Arbeit und den Streß so angespannt. Nach der Wahl würde ich sicher manches wieder anders sehen.

Anfang Januar hatten wir uns entschieden, Platzkarten für die Wahlveranstaltung im ICC auszugeben, damit wir einen Überblick hatten, wie viele Leute unsere Veranstaltung besuchen würden. Vier Tage nach der Sendung des Werbespots waren alle Karten vergeben.

»Siehste, das habe isch dir doch gleisch gesagt. Du mußt nur immer auf misch hören, dann liegste rischtig«, triumphierte Bernhard. Ich ließ ihm den Triumph.

Aber wir hatten einfach Glück gehabt, daß der Wahlfilm so eingeschlagen hatte. So richtig gerechnet hatte wohl keiner damit. Ich jedenfalls wäre aufgrund dieses Films bestimmt nicht den Republikanern beigetreten.

Unsere plötzliche Bekanntheit hatte allerdings auch gefährliche Nebenwirkungen. Eine riesige Demonstration gegen uns wurde angesagt. Wir Republikaner reagierten mit verschärften Sicherheitsmaßnahmen. 35 Ordner stellte die Partei für das ICC. Der Landesvorstand gab an die Mitglieder Richtlinien heraus, wie sie am sichersten an den Veranstaltungsort gelangten. Die Besucher unserer Wahlkundgebung durften nicht die U-Bahn benutzen, sondern sollten mit Privatautos oder Taxis ins ICC-Parkhaus fahren und von dort über die Südseite das Gebäude betreten. Nur Leute mit Eintrittskarten kamen rein. Dummerweise hatten wir anfangs die Eintrittskarten unkontrolliert verteilt. Es war also zu vermuten, daß unter den Besuchern auch gewalttätige Gegner der Republikaner sein würden. Na super! Und ich hatte die Moderation. Mir stand die Veranstaltung wie eine Horrorvision vor Augen. Gruselkabinett von innen und außen. Gerade als ich mir mal wieder ausmalte, wie ich von eingeschleusten Chaoten auf der Bühne niedergemacht werde, erfuhr ich, daß die SPD am gleichen Tag im ICC eine Wahlkundgebung mit Willy Brandt angesagt hatte. Die beiden Veranstaltungsräume sollten bloß durch eine Holzwand getrennt sein. Na prima, damit war die nächste Eskalation auch schon vorprogrammiert. Die Holzwand wäre doch für die Jusos, die uns verabscheuten, bestimmt kein unüberwindliches Hindernis. Sie hatten ja zu der großen Demonstration gegen uns mit aufgerufen. Hinzu kam, daß wir Störungen von Personen vermuteten, die durch die Presse eingeschleust wurden.

Informationsstände hatten wir im Januar kaum noch, schon gar nicht mit Frauen. Zu gefährlich, sagten die Parteifreunde. Aber ich, mitten auf der Bühne als Zielscheibe für mögliche Angriffe, das fanden sie okay.

Eigentlich macht es mir nichts aus, auf der Bühne zu stehen, zu moderieren oder irgend etwas vorzuführen. Lampenfieber habe ich fast nie. Diesmal hatte ich wahnsinnige Angst vor meinem Auftritt. Angst, daß die Bühne gestürmt wird oder mir irgendwelche Wurfgeschosse entgegenfliegen.

Bernhard Andres meinte: »Was, du trittst an diesem Abend als erste auf die Bühne? Super, dann testen wir an dir die Stimmung!« Wundervoll, ich war also die Versuchsrepublikanerin. Auch eine Art von Emanzipation. War doch sonst eigentlich nicht so ihre Sache. Frauen an die Front, oder was? Wir nehmen unsere stellvertretende Landesvorsitzende, stellen sie auf die Bühne und sehen mal, wie das Publikum reagiert.

Trotz meiner Angst sehnte ich den 18. Januar 1989 herbei. Ich wollte die Veranstaltung endlich hinter mir haben. Ich hatte zwanzig Karten an meine Familie, Freunde und Nachbarn verteilt, so daß ich wenigstens einige seelische Stützen im Saal haben würde. Wir hatten uns alle bei mir zu Hause getroffen und wollten gemeinsam in mehreren Autos zum ICC fahren.

Als wir gerade gehen wollten, klingelte das Telefon. Ein Parteifreund teilte mit, daß er von mindestens zwanzig linken Chaoten wüßte, die Eintrittskarten zu unserer Veranstaltung hätten. Na, sagte ich, wir treffen uns ja gleich, dann sehen wir weiter. Nee, sagte er, ich komm' nicht, ist mir viel zu gefährlich, ich bin doch nicht lebensmüde. Schön, dachte ich mir, daß er mich vor meinem Auftritt noch so aufmuntert. Was hatte ich doch für einfühlsame Parteifreunde!

Wir fuhren los und gelangten schließlich auf die Autobahn in die Nähe des Veranstaltungsortes. Am Rande der Straße war alles in Brand gesteckt. Von einer Brücke, auf der massenhaft schwarzgekleidete Demonstranten standen, wurde gerade ein brennender Kinderwagen auf die Autobahn geworfen. Ein Symbol, daß jetzt alles egal war? Das Feuer breitete sich aus. Unaufhörlich die Sirenen von Polizei, Feuerwehr und Krankenwagen. Szenen, die ich bislang nur aus dem Fernsehen kannte. Ein regelrechter Bürgerkrieg schien ausgebrochen zu sein.

Wie ruhig war dagegen unser Parteitag vor einem halben Jahr abgelaufen. Irgendwie gelangten wir dann doch noch heil ins Parkhaus des ICC.

Als ich an der Garderobe meinen Mantel abgab – unsere Sicherheitsvorschriften verlangten das so –, hallte es von einer abgeschirmten Treppe, die zum SPD-Raum führte: »Nazis! Hallo, du Nazi-Braut! Ah, die neue Leni Riefenstahl!«

Mein Empfangskomitee von den Jusos. Irgendwie rauschte alles nur noch so an mir vorbei. Ist eine bestimmte Grenze überschritten, scheint einen nichts mehr zu berühren. Im Saal der Republikaner begrüßte ich meinen Co-Moderator, den jungen Betriebswirt, und sprach mit ihm noch mal das Programm durch. Dabei bemerkten wir nicht, wie ein junger Mann – wahrscheinlich war er noch Schüler – bis auf die Bühne zum Mikrophon vorgedrungen war.

»Wißt ihr eigentlich, was ihr hier für eine Scheißveranstaltung besucht? Wißt ihr das? Die REPs sind doch eine Nazi-Partei!« Schnell und nervös redete er auf die Besucher unserer Wahlkundgebung ein. Ich war völlig irritiert und wußte nicht, was ich machen sollte. Geistesgegenwärtig sprang der Betriebswirt auf die Bühne und riß dem Schüler das Mikrophon aus der Hand. Nun regten sich auch andere Parteimitglieder und zerrten den Jungen von der Bühne. Natürlich schoß die Presse erst mal ein paar Fotos. Das gab doch eine schöne Dokumentation vom gewalttätigen Verhalten der Republikaner. Eigentlich fand ich das Vorgehen meiner Parteifreunde völlig normal. Ich möchte mal sehen, was passiert, wenn sich ein Republikaner bei einer Veranstaltung der Linken auf die Bühne stellt und frisch und frei erklärt, daß sie Stalinisten seien und politisch nur Schrott verzapften.

Nach diesem Zwischenfall eröffneten wir die Veranstaltung. Ich sagte ein paar einleitende Worte, und dann begann Schönhuber mit seiner Rede. Schon kam Bewegung in die Zuschauerreihen. Einer schrie Hetzparolen gegen die Republikaner. Schönhuber sagte, er solle den Mund halten. Der Demonstrant schrie weiter. Der Bundesvorsitzende wies die Ordner an, den Störenfried rauszuschmeißen. Der Typ schmetterte weiter seine Parolen, während der Ordner irgendwie unschlüssig mit ihm beschäftigt war. »Er hat sich angekettet!« rief einer. Schönhuber hielt den Angeketteten für einen armen Irren. »Dann laßt ihn halt«, sagte er, »wir beachten ihn einfach nicht.« Aber einfach war das nicht, denn der Demonstrant schrie immer lauter. Schönhuber ließ ihn krakeelen – bis das Wort »Nazi« fiel. »Wenn er Nazis sagt, werft ihn raus«, befahl der Bundesvorsitzende nun in herrischem Ton. Mittlerweile hatte ein Ordner eine Zange besorgt. Der Mann wurde losgeeist und hinaustransportiert.

Die Rede des Parteichefs wurde von da an nur noch vom Applaus des Publikums unterbrochen. Wie gern er diese Pausen hatte! Erschöpft lächelte er bei jedem Klatschen und wischte sich kraftlos mit einem Taschentuch den Schweiß von der Stirn. Schönhuber, der ewig Kämpfende, der völlig ausgelaugt das Äußerste für seine Anhänger und sein Vaterland gibt. Diese Einlage brauchte er für seine Show. Schönhuber redete davon, daß die vielen Ausländer in der Stadt ein Problem seien. Man könne nicht von ihm verlangen, daß er immer nur Rücksicht auf die Ausländer nehme, wenn es um Arbeitsplätze und Wohnungen gehe. »Man kann mir doch nicht verübeln, daß mir eine Großmutter in Wedding wichtiger ist als eine in Anatolien«, sagte er und blickte erwartungsvoll in die Menge. Das Publikum applaudierte.

Schönhuber schaffte mit seiner Aussage eine Distanz. Da sind wir hier in Berlin und ganz weit weg die anderen in Anatolien. Wir und die anderen. Wie schnell kann daraus ein »Wir gegen die anderen« werden! Außerdem scheint Schönhuber zu vergessen, daß es einen Unterschied gibt zwischen der Großmutter in Anatolien und den Ausländern in unserer Stadt. Die Großmutter lebt, von der Familie behütet, in ihrer Heimat. Doch was ist mit den Ausländern in Berlin? Sie gehören nicht mehr richtig in ihr Heimatland, weil sie hier arbeiten und leben, aber sie gehören auch nicht richtig zu den Deutschen. Ich denke, wir müssen den Menschen, die hier für uns arbeiten, zumindest ihre sozialen Grundrechte zugestehen. Die Gastarbeiter schlecht zu behandeln, ist doch keine Art, die grundsätzlichen Arbeitsplatz- und Wohnraumprobleme zu lösen.

»Ich muß einen Herrn Galinski nicht mögen müssen!«, tönt es vom Rednerpult. – Hä? Wie war das? Man muß einen Herrn Galinski nicht mögen müssen? Das Publikum klatscht. Ich hatte den Eindruck, daß die Zuhörer gar nicht so schnell verstanden haben, daß

Schönhuber lediglich gesagt hatte, daß er nicht gezwungen werden kann, Sympathie für Galinski zu empfinden. Sie hatten wohl nur registriert, daß es irgendwie gegen den Vorsitzenden der Jüdischen Gemeinde ging. Das genügte. Ich empfand es ziemlich billig, mit Reizworten und bestimmten Namen Politik zu machen. Zum Abschluß seiner Rede dankte Schönhuber noch seiner »tüchtigsten Wahlkampfhelferin« Barbara John. Sicher hatte er recht, aber hämisch war es schon. Kurz vor meiner nächsten Ansage bekam ich die Nachricht, daß die Jusos im Begriff seien, die Holzwand einzureißen, die uns von der SPD-Veranstaltung trennte. Die Ordner würden versuchen, sie daran zu hindern.

Lächeln, lächeln, sagte ich mir. Die Besucher durften nichts merken. Was mußte ich ansagen? Ach, den Werbespot. »Werbespot fällt weg«, wurde mir zugeraunt. Warum? »Na, wegen der einstweiligen Verfügung der Kindergärtnerin.«

O Schreck, was also sollte ich ansagen? Blick auf die Uhr. Schönhuber hatte nur eine halbe Stunde geredet. Mit einigen Chaoten im Nacken schaffte er es anscheinend doch, sich kurz zu fassen. Das hätte ich nur vorher wissen müssen. Ich stellte mit wenigen Worten die Kandidaten für das Abgeordnetenhaus vor. Mein Co-Moderator sollte sich inzwischen die weitere Planung überlegen.

Dann hielt Andres seine Ansprache. Ich schaute immer noch etwas nervös auf die Wand. Andres fing an, den Zuhörern seinen üblichen Quatsch von der Bedeutung der drei Buchstaben R-E-P zu erzählen. »Rechtsstaatlischkeit – Ehrlischkeit – Patriotismus« betete er inbrünstig vor.

Mein Gott, ich wußte ja inzwischen, wie Andres log.

Ob es nun um Geld ging oder darum, einen Kreisvorsitzenden, dessen Konkurrenz er fürchtete, auszubooten. »Wir werden durch Maßnahmen zur geistig-moralischen Erneuerung die Voraussetzungen für Recht und Ordnung schaffen.« Wenn ich mir Andres so betrachtete, konnte ich über solche Sätze nur noch lachen. Dann redete dieser Aufschneider von Ordnung und Sauberkeit und der geistigen Umweltverschmutzung durch die Medien.

Die Zuhörer wurden langsam unruhig. Nach Schönhuber ging der Berliner Landesvorsitzende völlig unter, die Stimmung hing durch. Nach zehn Minuten war Andres mit seinem inhaltslosen Vortrag am Ende. Vom Publikum kam spärlicher Beifall.

Jetzt noch die Verabschiedung, und dann hatte ich die Veranstaltung hinter mir. Ein Gespräch mit den Ordnern, und ich verließ eilig das ICC. Ab nach Hause. Kaum da, klingelte schon das Telefon.

Wolfgang war dran, ein Freund meines Vaters, den ich im ICC gar nicht gesehen hatte, obwohl er doch mit uns zusammen losgefahren war. Wo er denn gewesen sei, fragte ich ihn. »Mensch, hör bloß auf! Ich habe meinen Wagen abgestellt und wollte zum ICC laufen. Da gerate ich in einen riesigen Menschenauflauf. Junge, Junge. Damit sie mich durchlassen, habe ich gesagt, daß ich zur REP-Veranstaltung wolle. Tja, nun habe ich überall Prellungen und ein verstauchtes Handgelenk.« Ich bedauerte ihn. Der Ärmste, wo er doch nur aus Solidarität mit mir kommen wollte. Mit den Republikanern hatte er sonst nichts zu tun.

Am nächsten Tag sorgte eine Pressemitteilung bei uns in der Partei für Gelächter. Die SPD-Kundgebung hatte früher begonnen und ungefähr eine halbe Stunde nach unserem Veranstaltungsbeginn geendet. Als die

SPD-Sympathisanten das Gelände verlassen wollten, wurden sie von den Demonstranten als Nazis beschimpft. Unsere Besucher konnten später ungehindert nach Hause gehen. Mensch, sind die blöd, sagten wir uns, die hätten sich doch denken können, daß unsere REP-Veranstaltung nach einer halben Stunde noch nicht zu Ende ist.

Viel Zeit zur Erholung blieb uns nach dem 18. Januar allerdings nicht. Der Wahlkampf ging noch zehn Tage weiter. In dieser Zeit fanden einige Demonstrationen gegen uns statt, bei denen es zahlreiche verletzte Polizisten und Demonstranten gab. Daß Fensterscheiben bei diesen Ausschreitungen zu Bruch gingen, gehörte schon zum Alltag. Die Aufmerksamkeit der Bevölkerung richtete sich immer stärker auf uns.

10. Kapitel

»ICK WÄHL' EUCH«

Die Wahl vom 29. Januar 1989

Einen Dienstagabend kurz vor der Wahl saß ich in unserer Spandauer Geschäftsstelle beim Telefondienst. Von Langeweile, wie sie uns noch vor einem halben Jahr geplagt hatte, konnte jetzt keine Rede mehr sein. Mehr als sechzig Anrufer am Abend. Gerade hatte ich den Hörer aufgelegt, klingelte es schon wieder. Wahnsinn, ein bißchen Sensation und Skandal, schon hängen die Leute an der Strippe. Informationsmaterial wollten sie, Aufnahmeanträge und Einladungen zu unseren Veranstaltungen. Schon unsere letzten Informationsstände waren regelrecht umlagert, und die Flugblätter, Programme und Parteizeitungen gingen weg wie nichts. Immer öfter hörte ich beim Verteilen von Flugblättern die Frage »Von welcher Partei sind Sie? Von der CDU oder SPD nehme ich nichts.« Besonders die älteren Leute schienen von uns angetan zu sein. Eine Rentnerin sagte mir: »Endlich eine Partei, die sich um die innere Sicherheit kümmert. Als alter Mensch traut man sich wegen der Chaoten ja kaum noch auf die Straße. In Ihrem Werbefilm haben Sie das schon ganz richtig gezeigt.«

Auch unsere Ausländer- und Asylpolitik fand großen Anklang. Immer wieder erzählten Leute, daß sie sich mittlerweile wie Fremde im eigenen Land fühlten, die Ausländer nähmen mit ihren Gewohnheiten einfach keine Rücksicht mehr auf die Deutschen, und dann natürlich die Geschichten mit den Wohnungen und Arbeitsplätzen. Ängste, die vor allem in Arbeiterkreisen zur Sprache kamen. Und auch Neid auf die Ausländer, weil die angeblich von den Altparteien bevorzugt behandelt würden. Die Republikaner schienen die einzigen zu sein, die für diese Sorgen und Probleme der Bürger Verständnis zeigten. Ja, und dann gab es da auch noch den Mitleidseffekt. »Ick vasteh ja nich, warum die alle so schrecklich jegen euch demonstrieren. Ihr macht ja nischt Besonderes, verteilt nur so eure paar Flugblätter, und schon rasten se alle aus. Ihr tut mir richtig leid mit eurer Partei. Aber laßt mal, ick wähl' euch.« So oder ähnlich redeten viele Berliner. »Laßt euch nicht entmutigen«, oder »Die spinnen doch mit ihren ewigen Demonstrationen.«

Langsam glaubte ich doch daran, daß wir die 5%-Hürde nehmen könnten. Obwohl – eine beruhigende oder gar euphorische Vorstellung war das nicht gerade für mich. Im Innersten hoffte ich inzwischen, daß wir es nicht schaffen würden. Erzählen durfte ich das natürlich keinem. Die hätten doch glatt gesagt, ich sei übergeschnappt. Aber ich hatte gute Gründe. Die Republikaner waren organisatorisch einfach nicht soweit, einen großen Wahlerfolg zu verkraften. Zur Zeit der Wahl existierten wir in Berlin gerade anderthalb Jahre. Wir hatten noch nicht mal alle zwölf Kreisverbände gegründet. Unsere Kandidaten für das Abgeordnetenhaus und die Bezirksverordnetenversammlung waren nicht ausreichend qualifiziert. Wir mußten froh sein, wenn sich überhaupt jemand zur Kandidatur bereit erklärte.

Eine Parteifunktion, okay, das war schon was. Man konnte mitbestimmen, bekam Einblick in die politische Arbeit. Wer aber wollte sich auf einer Bezirks- oder Landesliste aufstellen lassen, die aus damaliger Sicht der Republikaner sowieso chancenlos war.

Also wurde aufgestellt, was sich anbot. Die Landesvorstandsmitglieder gingen mit gutem Beispiel voran und kandidierten. Die einzigen Ausnahmen waren der junge Betriebswirt, der mit mir die ICC-Veranstaltung moderiert hatte, und ich. Mein Parteikollege befürchtete, daß er durch eine Kandidatur auf der Liste der Republikaner ins Gerede kommen und sein Arbeitgeber Konsequenzen ziehen würde. Bei mir stand die Kandidatur nicht zur Debatte, da man erst mit Vollendung des 21. Lebensjahres wählbar ist, und ich war gerade 19.

Erstaunlicherweise hatten wir 15 Kandidaten für das Abgeordnetenhaus und 3 bis 7 Kandidaten, je nach Bezirk, für die Bezirksverordnetenversammlung zusammenbekommen. Die Personalqualität allerdings war saumäßig. Die meisten waren mit politischer Arbeit überhaupt nicht vertraut. Sie hatten gerade mal gelernt, Flugblätter zu verteilen, und jetzt sollten sie im Parlament Reden halten, Anträge entwerfen und in den verschiedenen Ausschüssen mitwirken? Das konnte heiter werden. Ein Wahlsieg wäre nichts als der siamesische Zwilling einer totalen Blamage. Einmal 5% und nie wieder, das war mein sicheres Gefühl.

Zwischen 4 und 5% – das wäre genau richtig. Die Leute würden auf uns aufmerksam werden, und das Ergebnis würde sich positiv auf die Europawahl auswirken. Wir stünden noch nicht in politischer Verantwortung und hätten Zeit, unsere Partei auf ein solides Fundament zu stellen. Für die nächste Wahl würden wir dann die Kandidaten sorgfältig auswählen und in Arbeitsgruppen auf die parlamentarische Arbeit vorbereiten.

Mit dem großen Interessentenansturm wurden wir schon vor der Wahl nicht fertig. Täglich kam massenhaft Post, die wir kaum bewältigen konnten. Alle wollten Informationsmaterial. In unseren Regalen in der Geschäftstelle herrschte gähnende Leere. Aber nur in den Regalen. Ansonsten standen so viele Sympathisanten in unseren Räumen rum, daß man sich kaum bewegen konnte.

Ich glaube, mittlerweile war selbst der größte Pessimist davon überzeugt, daß wir 5% erreichen würden.

Trotz aller Sympathien – der Veranstaltungsort für unsere Wahlfete wurde bis zum 29. Januar vom Landesvorstand geheimgehalten. Die Angst, daß uns ein paar Chaoten die Ehre erweisen könnten, ließ uns vorsichtig agieren. Hinzu kamen interne Differenzen. Der große Spandauer Kreisverband hielt sich für etwas Besonderes und grenzte sich von den anderen ab. Nur die Kreisverbände, mit denen sich die Spandauer verstanden, wurden eingeladen, den anderen der Treffpunkt verschwiegen.

Einige der ausgegrenzten Kreisverbände starteten eigene Aktionen. Der Tiergartener Kreisvorsitzende und Pressesprecher Pagel plante frustriert eine eigene Wahlfete in einer rauchigen Kneipe in Tiergarten. Seltsam, aber wenn man in Spandau den Namen Pagel erwähnte, kam sofort schlechte Stimmung auf. Pagel, das sei doch kein echter Republikaner, hieß es, den hätten sie doch bloß bei der CDU ausgetrickst. Dort sei es ihm nicht schnell genug nach oben gegangen, und nun versuche er bei uns sein Glück. Der Typ sei einfach postengeil.

Obwohl Pagel wußte, welchen Ruf er in Spandau hatte, suchte er immer wieder den Kontakt zu dem größten Kreisverband. Bei uns vermutete er Macht, die er für sich ausnutzen wollte. Er sagte einmal: »Mein Ziel ist es, in den Bundestag zu kommen!« Wie, das war ihm egal. Er versuchte nur eins – Mehrheiten zu scheffeln. Irgendwie fand ich diesen Typ charakterlich ziemlich mies. Um nach oben zu kommen, ließ er sich sogar vom Spandauer Kreisvorsitzenden niedermachen. »Mensch, dir geht doch alles am Arsch vorbei«, sagte der einmal angewidert zu Pagel. Der Tiergartener Kreisvorsitzende grinste nur hinterhältig.

Blöd fand ich es trotzdem, daß man ihn und viele andere von der offiziellen Wahlfete ausschließen wollte, die auf einem Dampfer stattfinden sollte. Hatten nicht alle Mitglieder die gleichen Rechte? Mußten wir uns denn auch noch gegenseitig bekämpfen? Es waren doch schon genügend Feinde von außen da! Ich war enttäuscht von meinen Parteifreunden: Schönhuber und Andres, die wie auf der ICC-Veranstaltung immer auf ihre eigene Show bedacht waren, und dann noch der Pagel mit seiner Profilneurose, der nur darauf lauerte, ob nicht irgendwo ein Posten für ihn abfiel. Gibt es denn nur Politiker, die sich selbst herausputzen wollen und keine, die dem Ganzen oder der Sache zuliebe ihre eigene Person zurücksetzen?

Kurz vor der Wahl hatte Andres seinen grenzenlosen Egoismus mal wieder unter Beweis gestellt. Als ich eines Abends in die Geschäftsstelle kam, um Telefondienst zu machen, steuerte Andres auf mich zu, begrüßte mich und sagte, er habe zwei Briefe entworfen, ich bräuchte nur noch zu unterschreiben. Erwartungsvoll grinste er mich an. Ich warf einen Blick auf das erste Schreiben. Endgültige Ablehnung der Wiederaufnahme eines ehemaligen Kreisvorsitzenden. Ich gab Bernhard zu bedenken, daß der Mann seinen Kreisverband doch immer gut geführt habe, außerdem könne man so kurz vor der Wahl jede helfende Hand gebrauchen und der Typ sei doch nur in einem Anfall von Rage ausgetreten.

»Ausgetreten ist ausgetreten. Außerdem bin isch froh, daß der aus der Partei raus ist. Der macht uns alle kaputt«, erklärte Andres. Auf meine Frage, warum der Kreisvorsitzende denn so parteischädigend sei, wußte Andres keine Antwort. Also unterschrieb ich nicht. Andres war entsetzt und kippte sich erst mal wieder eine Dosis Bacardi-Cola hinter die Binde. Mit wehmütigem Blick sagte er, daß er enttäuscht von mir sei.

Der Typ war nicht ganz bei Trost. Ich konnte ihm doch nicht alles unterschreiben. Schließlich sagte er am laufenden Meter, wenn er sich über jemanden ärgerte, den werfen wir hinaus und den auch und jenen sowieso. Darauf antwortete ich meist: »Klar, wir schließen sie alle aus der Partei aus, bis nur noch wir übrig sind.« Meine Ironie überhörend, stimmte Andres mir freudestrahlend zu. Mit getragener Stimme sagte er: »Ja, und dann fangen wir ganz neu an. Nur wir beide.«

An diesen Irrsinn hatte ich mich mittlerweile gewöhnt. Genervt las ich den zweiten Brief durch. Der stellte das andere Schreiben nun wirklich in den Schatten.

Es handelte sich um einen Antrag auf Ausschluß des Kreisvorsitzenden Rainer Beyer wegen parteischädigenden Verhaltens. Ich traute meinen Augen nicht. Was sollte das nun schon wieder heißen? Gut, Bernhard sah in dem Kreisvorsitzenden einen möglichen Rivalen, schimpfte auf ihn und stritt sich öfter mit ihm. Aber das war doch kein Grund für einen Rausschmiß. Ich las weiter und erfuhr, daß man Beyer der Unterschlagung von Spendengeldern in Höhe von 4000 DM und mehrerer Verstöße gegen Landesvorstandsbeschlüsse bezichtigte. Das war der Hammer. Dieser Kreisvorsitzende und 4000 DM unterschlagen? Der Mann arbeitete in einer Versicherung, wo er eine Vertrauensposition hatte. Ich kannte Beyer gut und wußte, daß er alles immer ganz genau abrechnete, ja manchmal schon fast zu pingelig war. Ob er das mit den 4000 DM beweisen könne, fragte ich Andres entsetzt. »So ungefähr. Und falls es nisch klappt, ist es zwar schade, aber uns kann nichts passieren. Isch habe ja nur geschrieben, daß Beyer vermutlich 4000 DM unterschlagen hat.«

Für Bernhard schien der Fall damit erledigt zu sein. Ich sah das ganz anders. Man konnte doch nicht eine Verdächtigung in Umlauf bringen und »vermutlich« davorschreiben. Wenn sich das dann als haltlos herausstellte, war alles vergeben und vergessen, oder wie?

Ich versuchte Andres klarzumachen, daß der Verdacht auch mit dem Wort »vermutlich« im Raum stand. Der Landesvorsitzende kapierte nicht, was ich meinte.

»Mensch, isch will den loswerden! Irgendwie«, entgegnete er mir genervt. Diesem Ziel entsprechend waren sämtliche Vorwürfe in dem Brief aus der Luft gegriffen. Beyer hätte bei den Mitgliedern seines Kreisverbandes den Landesvorsitzenden nie erwähnt und damit wissentlich zur Desinformation und Demotivation beigetragen, hieß es weiter.

Als ob Bernhard die Mitglieder motivieren würde. Okay, man konnte ganz gut über ihn lachen, aber irgendwie war es schon trostlos, so einen Landesvorsitzenden zu haben. Ich dachte, wenn viele Republikaner wirklich wüßten, wer in Berlin an der Spitze der Partei steht, hätte dies nicht nur möglicherweise, sondern tatsächlich zur Demotivation geführt.

Andres warf Beyer vor, seine Mitglieder nicht genügend auf den Landesvorsitzenden aufmerksam zu machen, seine egoistischen Ziele durchsetzen zu wollen.

Na, das war ja toll. Wer von Andres nicht begeistert war, dem wurde parteischädigendes Verhalten unterstellt. Nach dem abgewandelten Strickmuster: »Die Partei ist Schönhuber. Schönhuber ist die Partei.«

Die Politik der Republikaner schien also untrennbar mit dem Vorsitzenden verbunden zu sein. Wir anderen hatten ihren Befehlen zu folgen. Wie wär's mit einem Führer?

Ich sagte zu Andres, daß ich den Antrag auf keinen Fall unterschreiben würde. Andres, mit Bacardi bis zum Rand gefüllt, wurde puterrot im Gesicht. Er hatte befohlen, und ich folgte nicht. Gehorsamsverweigerung – undenkbar für ihn. »Wieso unterschreibst du nisch? Fast alle haben es gemacht. Wir werden schon noch sehen, wer hier der Herr im Hause ist. Ständig bist du gegen misch!« schrie Bernhard mich an. Gut, daß wir keinen Karzer haben, dachte ich. Während ich versuchte, heil aus der Geschäftsstelle zu kommen, wandte sich Andres einem anderen Parteifreund zu. »Na, haben wir an den Bund geschrieben?« fragte der Landesvorsitzende mit ruhiger, aber drohender Stimme.

Der junge Mann, er war so 16 oder 17 Jahre, war durch die Szene, die sich vorher mit mir abgespielt hatte, sichtbar geschockt: »Nein, wieso?« log er offensichtlich, um einem Donnerwetter von seiten Andres zu entgehen. »Ach, und was ist das hier, hm?« Bernhard warf ein Schreiben auf den Tisch. »Wenn du nicht an den Bund geschrieben hast, warum antwortet dir Neubauer dann? Centa Hirsch (Bundesgeschäftsführerin) kopiert mir solsche Briefe immer. Ihr braucht eusch gar nisch an die Bundespartei wenden. Isch habe mit Centa abgesprochen, daß eure Briefe sowieso gleisch in den Müll fliegen«, triumphierte der Landesvorsitzende.

Mit dem völlig irritierten Parteifreund verließ ich eilig die Geschäftsstelle.

Andres' Machtgier kannte anscheinend keine Grenzen. Das war ja wie bei der Mafia. Nur gut, daß ich das mit Centa Hirsch jetzt wußte. Das würde ich gleich an Harald Neubauer weitergeben, der sowieso keine gute Meinung von ihr hatte. Skrupellos und brutal ging Andres seinen Weg. Aber immerhin war er so blöd, seine Informationsquellen preiszugeben.

Und nun mit all diesen scheinheiligen Leuten wie Schönhuber, Andres, Pagel und Centa Hirsch eine Wahlfete veranstalten? Nee, daran war mir die Lust nun reichlich vergangen.

Also traf ich mich am 29. mit Freunden, um mit ihnen das Wahlergebnis abzuwarten. Bis die ersten Hochrechnungen kamen, unterhielten wir uns noch eine Weile über die Republikaner, ob es stimme, daß mittlerweile viele Rechtsextremisten in der Partei seien. Zwei Tage vor der Wahl war ein Artikel in der Berliner Morgenpost erschienen, in dem ein Kreisvorsitzender Andres vorwarf, er lasse zu, daß ungebremst und unkontrolliert Mitglieder aufgenommen würden, von denen man nicht wisse, aus welcher Ecke sie kämen. Möglicherweise handle es sich um ehemalige NPD-Leute und andere Rechtsextremisten.

Ich war mir auch nicht sicher, wie hoch die Zahl der Extremisten in unserer Partei mittlerweile war. Der Geschäftsstellenführer von Spandau schickte einfach Aufnahmeformulare an irgendwelche Leute, von denen wir überhaupt nichts wußten. Die ausgefüllten

Mitgliedsanträge wurden dann wieder an die Geschäftsstelle zurückgeschickt, und Andres unterschrieb sie. Bei diesem Verfahren drehte sich mir der Magen um. Ich sprach Andres darauf an, doch der hatte nur ein Ziel vor Augen: den größten Landesverband. Das würde ihm mehr Macht verleihen. Die Qualität der Mitglieder war ihm egal. Hauptsache, die Quantität stimmte. So erstaunte es mich kaum noch, daß Neumitglieder, die gerade zwei Tage in der Partei waren, andere aufnahmen. In Gesprächen mit anderen Landesvorstandsmitgliedern stellte sich heraus, daß keiner etwas gegen die unkontrollierte Mitgliedsaufnahme tun wollte. Ob Spitzel oder Extremist, sollen sie nur alle kommen – wirklich irre.

Carsten Pagel kommentierte einmal: »Ich fühle mich wie auf einer riesigen Welle, bei der ich nicht weiß, wo sie mich hinspült.«

Genauso empfand ich das auch. Aber wo war das rettende Ufer? Austreten und Schluß? Pagel ließ sich also treiben, egal wohin. Diese Haltung war mir fremd. Aber so einfach austreten? Ein ziemlich schwerer Schritt, wenn man eine Partei mit aufgebaut hat.

Zunächst hoffte ich, daß nach der Wahl alles besser werden würde. Dann hätten wir wieder mehr Zeit, uns um organisatorische Aufgaben zu kümmern, und wir könnten auch die Mitglieder, die extremistische Anschauungen vertraten, ausschließen. Dafür würde ich mich als allererstes einsetzen.

Auf dem Bildschirm erschien die erste Hochrechnung. Ich dachte, ich träume: 8,5% für die Republikaner. Wir waren im Parlament. Wahnsinn! Für einen Augenblick waren all meine Sorgen wie weggewischt. Unsere Arbeit hatte sich gelohnt.

Doch meine Freude hielt nicht lange an. Immer wieder kamen Zweifel hoch. Die Republikaner im Abgeordnetenhaus? Mein Gott, Andres! Wenn der im Parlament seine herzzerreißenden Reden halten würde. Und innerlich zur Ruhe käme die Partei durch die parlamentarische Arbeit bestimmt nicht. Das Chaos war vorprogrammiert.

Mittlerweile hatten sich die Hochrechnungen für die Republikaner bei 7,5% eingependelt. Also 11 Sitze im Abgeordnetenhaus. Die Moderatoren in den Wahlstudios waren sichtlich verblüfft über den Wahlerfolg unserer Partei. Mich erstaunten weniger die 7,5% als die Demonstranten, die sich in Windeseile vor dem Rathaus Schöneberg zusammengefunden hatten. Fast tausend Menschen protestierten gegen den Einzug der Republikaner ins Abgeordnetenhaus. »Republikaner raus! Nazis raus!« war auf ihren Transparenten zu lesen. Deutsche, Ausländer, junge und alte Menschen, die müssen eine ganz schöne Wut im Bauch haben, wenn sie so schnell reagieren und noch mitten in der Nacht auf die Straße gehen.

Auch ich hatte ein unbehagliches Gefühl. Wenn Demonstranten Republikaner mit Nazis gleichsetzten, hatte mich das bis vor einigen Wochen noch kaltgelassen. Angesichts der unkontrollierten Mitgliederaufnahme befürchtete ich nun, daß dieser Vorwurf sich bald bewahrheiten würde, wenn er nicht jetzt schon Realität geworden war.

Meine Freunde waren verblüfft, daß ich trotz der 7,5% völlig frustriert war. Ich fragte mich, ob durch dieses Wahlergebnis für unsere Partei, die riesige Welle, von der Pagel sprach, nicht noch unkontrollierbarer geworden war.

11. Kapitel

SIEG UND FREUDENTAUMEL

Reaktionen in der Öffentlichkeit und in der Partei

Mit diesen Sorgen stand ich in der Partei alleine da. Das wurde mir noch am selben Abend klar. Als ich nach Hause kam, klingelte immer wieder das Telefon. Die Parteifreunde waren völlig aus dem Häuschen. Sie hatten gesiegt. Und keiner fragte sich, ob er mit seiner neuen Aufgabe auch verantwortungsvoll umgehen könnte. Der erste, der anrief, war ein Steglitzer Parteifreund. Ein wilder Wortschwall drang mir durch den Hörer entgegen: »7,5 haben wir bekommen. Wir sind reich, bekannt. Stell dir vor, ich jetzt Bezirksverordneter. Jetzt sagen alle Herr Bezirksverordneter zu mir. Na, wie hört sich das an?«

Auf meine nachdenkliche Frage, ob er denn glaube, mit der neuen parlamentarischen Aufgabe zurechtzukommen, lachte er. »Klar, ich bringe Stimmung in den lahmen Haufen. Was meinst du, wie die sich auf mich freuen.«

Der frischgebackene Bezirksverordnete war eben eine echte Frohnatur. Ich hatte das Gefühl, er stellte sich unter dem Parlament eine Art Kindergartentheater vor, in dem er nun eine gute Rolle hatte.

Kaum hatte ich den Hörer aufgelegt, klingelte es wieder. Der Jurastudent aus Tiergarten, der mir bei der ersten Parteizeitung geholfen hatte: »Du rätst nicht, was mir passiert ist. Da wollte ich in meinem Freudentaumel mit der CDU auf das gute Wahlergebnis der Republikaner anstoßen, und kaum habe ich die Fraktionsräume der Union betreten und die Sektkorken knallen lassen, da werfen die mich doch glatt raus.« *Jura,* der neue Tiergartener Bezirksverordnete, war zwar empört, wollte aber jetzt weiterziehen, um mit Parteifreunden den Triumph der Republikaner zu feiern.

Sieg. Freudentaumel. Saufgelage. Das ganze Schauspiel basierte im wesentlichen auf Vorschußlorbeeren, die wir uns mit dem skandalträchtigen Werbespot und vielleicht auch mit einigen markigen Schönhuber-Sprüchen eingeheimst hatten. Mit der tatsächlichen Arbeit, die wir geleistet haben, wären wir wahrscheinlich nicht mal auf 1% gekommen. In unserer Geschäftsstelle ein Wahnsinnsandrang, einen Tag nach der Wahl. Viele, viele wollten einfach zu uns gehören. Wohl weniger aus Überzeugung, als aus Sensationslust. Die Republikaner waren jetzt »in«.

Die meisten wollten gleich Mitglied werden. War wirklich kein Problem. Bis zu hundert Leute an einem Tag wurden völlig unkontrolliert aufgenommen. Auf Andres einzureden brachte überhaupt nichts. Ich war erleichtert, als die Aufnahmeformulare ausgingen.

Daß wir nun von Rechtsextremisten unterwandert wurden, lag auf der Hand. Viele extreme Rechte sahen nun die Möglichkeit, ihr faschistisches Gedankengut bei einer wählbaren Partei legal an den Mann zu bringen. Da nahmen auch die Neo-Nazis kein Blatt vor den Mund. In einer Informationsschrift der NPD vor der Wahl hieß es: »Die REP haben einen großen Teil ihrer Berliner Wahlaussage bei der NPD ausgeliehen, in der Ausländerpolitik nahezu 100% (...) Der NPD-Landesvorstand hat deshalb am 9. 1. 89 in einer Presseerklärung festgestellt, daß auch für den nationalen Wähler

1989 der Gang zur Wahlurne wieder möglich ist, weil nationaldemokratische Thesen und Forderungen in der REP-Wahlaussage den Wahlkampf anreichern (...) Wenn Sie meinen, daß die NPD-Forderungen der REP (...) diese für sie wählbar machen und wenn Sie in jedem Fall aktiv an der Wahl teilnehmen wollen, sollten Sie REP (Liste 9) wählen.«

Der NPD beizutreten lohnt in Berlin nicht, da sie hier nicht an den Wahlen teilnehmen kann. Was liegt näher für die Neo-Nazis, als zu den Republikanern zu gehen und dort zu versuchen, ihre rechtsextremistische Politik zu betreiben. Aber diese Gefahr schienen die anderen Republikaner nicht zu sehen. Sie wollten es wohl nicht sehen, und vielleicht empfanden sie diesen extremistischen Zustrom gar nicht als Gefahr, sondern als Bereicherung. Dieser Gedanke machte mir angst. Was ging hier vor?

Die meisten Funktionäre zogen jetzt ins Abgeordnetenhaus oder in die Bezirksverordnetenversammlung ein und gingen völlig in ihrer Rolle als Neuparlamentarier auf. Klar, daß ihnen keine Zeit mehr blieb, sich um die Partei zu kümmern.

»Guten Tag, Herr Abgeordneter!« – »Guten Tag, Herr Bezirksverordneter!« so begrüßten sie sich gegenseitig.

Andres paßte sich mit seiner Mimik und Gestik den veränderten Umständen rasch an. Schließlich war er Landesvorsitzender einer neuen, aufstrebenden Partei. »Zucht und Ordnung«, sagte Bernhard. Die Ritter nannten es im Mittelalter »Zucht« und »Maze« (Maßhalten). Natürlich hielt er wieder nicht, was er versprach, besonders mit dem Maßhalten hatte er Schwierigkeiten, wenn es nicht gerade um einen bayerischen

Bierkrug ging. Aber beeindruckend war er schon, wenn er jetzt den Raum betrat: mit festem Schritt, hocherhobenem Kopf und stählernem Blick – eben genau wie ein Ritter nach einer gewonnenen Schlacht. Allerdings erinnerte er mich, wenn ihm Sympathisanten Geschenke überreichten, doch eher an einen Raubritter.

Bald türmten sich Blumen, Gebäck, Glückwunschkarten und viele andere Präsente so auf seinem Schreibtisch, daß Andres dahinter gar nicht mehr zu sehen war. Bei seinem Gardemaß von 167 cm kein Wunder. Das störte ihn natürlich. Im Zwiespalt, ob er die Geschenke wegräumen sollte, auf die er doch so stolz war, oder dem Besucher in der Geschäftsstelle sein Anblick verwehrt bleiben sollte, entschied er sich für eine Zwischenlösung: »Wartet mal, ich setze misch mal weg hier vom Chef-Platz. Isch komme zu eusch, sonst habt ihr gar nischts von mir.«

Mit einer Geste des Großmuts setzte er sich dann zu uns und erzählte: »Als Schönhuber die erste Hochrechnung gesehen hat, konnte er das gar nisch fassen. Aber isch habe gesagt, Franze, isch halte meine Verspreschen. Und die 5% mußte isch erreischen. Für disch! Nur für disch! Glaubt mir, Franze war wie in einem Freudentaumel. Fast sind ihm die Tränen gekommen. Und er war mir so dankbar.« Klar war Franz Schönhuber vom Berliner Wahlergebnis begeistert. Fast ohne Unterstützung der Mutterpartei hatten wir die 5%-Hürde genommen. Nicht nur, daß jetzt ein Erfolg bei der Europa-Wahl abzusehen war. Durch die Wahlkampfkostenrückerstattung würden die Partei und durch die Mandate die Funktionäre, vor allem Schönhuber, saniert sein. Wenn das kein Grund zur Freude war!

Ein weiterer positiver Effekt des Wahlerfolges: das Interesse der Presse. Zwar wurden Glückwunschanzeigen zum Wahlsieg immer noch nicht abgedruckt, aber die Medien bestürmten uns regelrecht. Ein Interview hier, ein Lächeln dort, so ging es unentwegt. Sogar die ausländische Presse besuchte uns. Um diese Journalisten mußte ich mich kümmern. Weder Carsten Pagel als Pressesprecher noch Andres als Landesvorsitzender waren in der Lage, entsprechende Statements abzugeben.

Zunächst dachte ich, daß die ständigen Notizen der Presse über die Republikaner nur ein Strohfeuer seien. Die Journalisten nutzten die Gelegenheit, mit einem neuen, publikumswirksamen Stoff die Seiten und die Sendezeiten zu füllen. Aber auch noch Wochen nach der Wahl sah und hörte man in den Medien permanent »Republikaner«.

Es dauerte eine Weile, bis ich die Vorgehensweise der Journalisten verstand. Die Republikaner totzuschweigen war ihnen nicht gelungen. Nachdem diese trotz der Absage der Medien auf Anhieb den Sprung ins Abgeordnetenhaus geschafft hatten, erschienen sie dem Bürger als ein besonders faszinierendes Phänomen. Die Presse versuchte nun durch ihre ständigen kritischen Berichte, die neue politische Kraft zu entmystifizieren.

Ich glaube, da sind sie auf dem falschen Dampfer. Durch die große Beachtung der Medien prägen sich die Republikaner nur noch mehr in das Gedächtnis und Bewußtsein der Bürger ein. Über keine Partei wurde soviel geredet wie über sie. Mich wundert es nicht, daß die Leute, auf ein bestimmtes Problem angesprochen, am besten darüber Bescheid wissen, was die Republikaner dazu sagen. Die Partei wird ihnen regelrecht eingehämmert und immer vertrauter. Wer weiß, wie viele sich dadurch motiviert fühlen, ihr Kreuz bei der nächsten Wahl bei den REPs zu machen. Negativwerbung ist auch Werbung, heißt es ganz richtig.

Schönhuber jedenfalls hat trotz der kostenlosen Werbeaktion seitens der Presse immer ein paar verächtliche, abfällige Worte über die Journalisten parat.

Die Medien halten ihm den Sieg feil und dann Sieg heil, oder was?

12. Kapitel

»STREIT'S NET MITEINAND'!«

Schönhuber und der politische Aschermittwoch in Cham

Wer nun ist eigentlich dieser Franz Schönhuber? Bisher war es mir nicht gelungen, mir ein klares Bild von ihm zu machen. Ist er tatsächlich der Übervater, für den er sich so gerne ausgibt? Der Mann, der sich sorgt um die Großmutter im Wedding und den armen Bauern in der Oberpfalz? Oder ist er der Überläufer, der schamlose Opportunist, für den ihn seine Gegner ausgeben, die schillernde, sprunghafte Figur, unfaßbar für seine Sympathisanten wie für seine Feinde? Ist er vielleicht gar ein gefährlicher Nazi, als Charmeur getarnt, oder der großherzige Parteifreund, mit dem ich jetzt, wo sich eine Berliner Parteikrise an allen Ecken und Enden andeutet, über meine Ängste und Probleme sprechen kann?

Ich wollte endlich Gewißheit haben über unseren Bundesvorsitzenden, und außerdem schien er mir der einzige Mensch zu sein, mit dessen Hilfe ich die ausgeflippten Berliner Erfolgschaoten wieder zur Vernunft bringen könnte. Der überwältigende Wahlerfolg raubte ihnen das letzte bißchen Verstand. Und eins hatte Schönhuber ganz sicher: Autorität. Zumindest für die Republikaner. Schönhuber ist bekanntlich die Partei.

Inzwischen war es Anfang Februar. Am achten des Monats sollte wie jedes Jahr seit Gründung der Republikaner der politische Aschermittwoch im bayerischen Cham stattfinden. Diese Veranstaltung hatte ich noch nie besucht, und was sollte das überhaupt sein, der »Politische Aschermittwoch«? Neubauer hatte in Dinkelsbühl von der tollen Atmosphäre in Cham geschwärmt, und sicherlich wäre das eine gute Möglichkeit mit Schönhuber zu reden. Die unkontrollierte Mitgliederaufnahme und Andres, der dazu überging, jeden, der ihm unlieb war, aus der Partei auszuschließen, die destruktiven Auseinandersetzungen zwischen den einzelnen Kreisverbänden, die Überforderung der meisten Kollegen mit ihren neuen Ämtern, von der sie in ihrem Siegesrausch selbst noch nichts zu merken schienen. Und bei all dem war an die dringend notwendigen inhaltlichen Diskussionen schon längst nicht mehr zu denken. Etwa die Erweiterungen und Veränderungen der Ökologie- und Frauenpolitik, die mir am Herzen lagen, konnten unter solchen Umständen überhaupt nicht in Angriff genommen werden. Jedenfalls war es höchste Zeit, diesen desolaten Haufen zur Räson zu bringen: Auf nach Cham zu Schönhuber.

Als meine Parteifreunde erfuhren, daß ich nach Bayern wollte, waren sie gleich mit von der Partie. Außer Andres. Der lag mit einer Blinddarmentzündung im Krankenhaus und fühlte sich von Gott und der Welt verlassen. Wie gern hätte er sich in Cham als »Bernhard, der Eroberer« feiern lassen. Sicherlich wäre das auch seiner Genesung zuträglich gewesen, aber die Ärzte wollten das nicht einsehen. Also fuhren wir ohne den Landesvorsitzenden Buschauffeur in Privatautos los.

Gleich am Abend ein rauschendes Fest der Republikaner in einem Hotel. Die Stimmung schlug schon hohe Wellen, als wir ankamen. In einem Saal wurde getanzt, in anderen Räumen saßen die Parteifreunde bier- und sektselig an langen Tischen beieinander. An einem dieser Tische entdeckte ich Schönhuber von Journalisten umlagert. Nach dem Berliner Wahlerfolg war der Bundesvorsitzende die große Attraktion. Der Chef winkte mich zu sich heran. Große Begrüßungseinlage für die Presse. Ich mal wieder Statistin bei der Schönhuber-Werbe-Show. Bei der überschwenglichen Umarmung flüsterte ich ihm zu, daß ich ihn unbedingt sprechen müsse, in Berlin gäbe es Probleme. Schönhuber lächelte gütig. »In zehn Minuten komme ich zu dir, mein Mädchen, dann unterhalten wir uns mal richtig.«

Warten auf Godot. Nach einer Stunde setzte sich Neubauer zu mir. Also sprach ich mit ihm über die augenblickliche Lage des Berliner Landesverbandes. Er hatte ja auch Erfahrung. Die Krise verwunderte ihn gar nicht. Der Wahlerfolg sei einfach zu früh gekommen. Da gäbe es halt Machtkämpfe hier und dort, weil sich noch kein richtiger Chef profiliert habe. Aber unkontrolliert Mitglieder aufzunehmen, das ginge natürlich nicht. – Für ihn war es anscheinend klar und unvermeidbar, daß die Berliner Republikaner an ihrem Wahlerfolg scheiterten. Sie verfügten einfach noch nicht über das solide Fundament, um verantwortungsvoll und erfolgreich mit ihrer neuen parlamentarischen Aufgabe umzugehen. Aber immerhin sei dieses Wahlergebnis sehr hilfreich für die Republikaner bei der Europawahl. Kalt und nüchtern konstatierte er den Untergang der Berliner Partei. Ich war fassungslos.

»Alexandra, ich würde Ihnen ja gern helfen. Aber ich bin nur bayerischer Landesvorsitzender und kann in Berlin nicht eingreifen. Besonders um Sie tut es mir leid. Aber, wissen Sie was, studieren Sie einfach in München weiter. Ich nehme Sie in den bayerischen Landtag.« Neubauer lächelte mir aufmunternd zu.

Nettes Angebot, aber er verstand wohl nicht so recht, um was es mir ging. Ich wollte Berlin nicht einfach abschreiben. Immerhin hatte ich viel Zeit und Arbeit in die Berliner Partei investiert. Die Hoffnung, aus ihr eine wirkliche Alternative zu den Altparteien zu machen, hatte ich immer noch nicht aufgegeben. Bis jetzt zumindest. Aber nach diesem Gespräch war ich völlig niedergeschlagen. Dann kam Schönhuber auf uns zu. Mit bedeutungsvoller Miene teilte er uns mit, daß er von der Presse aufgehalten worden sei und nun ins Bett ginge. Er müsse fit sein für seine große Rede am nächsten Tag. Dann sah er mir tief in die Augen und sagte: »Streit's net miteinand'. Kinder, streit's net miteinand'!« und verschwand.

»Streit's net miteinand'!« äffte ich ihn nach. Dieser Schwadroneur! Der tickte wohl nicht ganz richtig. Ließ sich stundenlang von Journalisten hofieren, und die katastrophalen Zustände in der Berliner Partei waren ihm scheißegal. Schließlich gehörte es doch zu seiner Aufgabe als Bundesvorsitzender, uns bei Problemen hilfreich zur Seite zu stehen. Kapierte er denn nicht, daß die REPs in dem Sumpf zu versinken drohten, den sie eigentlich trockenlegen wollten. Er konnte es gar nicht kapieren. Er hatte mich ja nicht mal angehört. Seine Personality-Show war ihm wichtiger. Hält er sich für eine Diva, oder was? Wie will der sich denn um die Großmutter im Wedding kümmern, wenn er es nicht mal schafft, sich mit den Nöten und Sorgen in der eigenen Partei auseinanderzusetzen? Langsam kam es mir so vor, als ob ihm die Politik völlig egal war. Sie war wohl nur ein Medium für ihn, mit dessen Hilfe er ins Gerede kam. Es ging ihm tatsächlich nur um sich selbst. Plötzlich fiel es mir wie Schuppen von den Augen. Natürlich, nur so war sein jetziges Verhalten und seine wechselvolle politische Vergangenheit zu erklären. Wes Brot ich ess', des Lied ich sing'. Schönhuber wurde Freiwilliger der Waffen-SS, weil er sich davon in der Zeit des Nationalsozialismus Vorteile versprach. In seinem Buch »Ich war dabei« zitiert er Saint-Loup, Kriegsberichterstatter und Nazi-Legionär: »Wir, die Krieger, haben nichts zu beweinen außer jener großen Hoffnung eines faschistischen Europas, die zum großen Teil verraten wurde.« Weiter heißt es: »Ich für mein Teil will kein faschistisches Europa. Die historische Schuld und die Belastungen lassen dieses wohl auch nicht mehr zu. Niemand kann aber sagen, was damals aus dem europäischen Faschismus geworden wäre, hätte es den Nationalsozialismus nicht gegeben.«

Als er von der Presse einmal aufgrund dieser Aussage gefragt wurde, ob er denn ein Faschist im ursprünglichen Sinne sei, verneinte er dies überzeugend.

Genauso überzeugend wird er in den Jahren 1951 bis 54 bei der Kommunistenzeitung »Deutsche Woche« geschrieben haben oder Anfang der 70er Jahre als linker Kolumnist – mit den Jusos gegen OB Vogel verbündet – bei der Münchner »Abendzeitung« gewirkt haben. Und dann ein überzeugender Schwenk nach rechts zur CSU. Er wurde Mitglied im »Franzen-Club« und durfte Franz Josef Strauß als seinen Freund bezeichnen. 1983 wurden dann die Republikaner gegründet, in erster Linie eine Protestpartei gegen Franz Josef. Erneut dabei: Franz Schönhuber. Die Republikaner sollten eine Partei sein, die wieder Anstand und Moral in die Politik brachte. Eine moralische Musterpartei sozusagen. Angesprochen wurden Bürger, die es leid waren, sich von etablierten Politikern und Parteien belügen und betrügen zu lassen. Basisdemokratie und nationales Denken waren angesagt. Ein einig Volk von Parteibrüdern im Kampf um ein neues Deutschland für Deutsche wurde auf die Parteifahnen geschrieben. Doch schon nach kurzer Zeit prügelten sich die Bannerträger Ekkehard Voigt, Franz Handlos und Franz Schönhuber um die Macht. Einer setzte den anderen ab und bezichtigte ihn des Verrats an der Sache. Der Sieger aus diesem Kampf hieß Franz Schönhuber. Komisch, daß gerade so ein sprunghafter Mensch als Bundesvorsitzender die Partei zusammenhalten soll. Gestern links und heute rechts? Im Moment war es eben opportun, ins »nationale Horn« zu stoßen.

Ein Faschist ist Schönhuber wohl nicht. Eigentlich ist er auf gar keine politische Überzeugung festzulegen. Schönhuber ist nichts als Schönhuber und als solcher auch nicht gefährlich. Einen Fanatiker, der völlig blind, auf Biegen und Brechen die Ziele einer Ideologie umsetzen will, haben wir in ihm sicher nicht zu fürchten. Die Frage ist aber, ob er die Leute, die sich massenhaft um ihn scharen, noch anders wahrnehmen kann denn als seine Fans. Und hier liegt die Gefahr. Er schafft mit seiner Personality-Show und seinen markigen Reden, die in der Substanz über Stammtischparolen nicht hinausreichen, ein Sammelbecken für Extremisten. Zwar deuten sich in seinen Reden hin und wieder extremistische Äußerungen an, aber immer, wenn man glaubt, man könnte ihn darauf festlegen, macht er eine geschickte Kehrtwendung. Seine Fans verstehen seine Zweideutigkeiten eindeutig. Die zunehmende Zahl von Neonazis bei den Berliner REPs (wie es woanders aussieht, weiß ich nicht) beweist es. Will er denn nicht sehen, was sich da zusammenbraut?

Ich weiß nicht mehr, welche dieser Überlegungen ich mir damals in Cham gemacht habe und welche erst später hinzukamen, jedenfalls wurde ich in meinem Nachdenken über Schönhuber von einem westdeutschen Parteifreund unterbrochen. Er hatte ein Bild von mir, das vor kurzem in der Bundesparteizeitung erschienen war, zu einem Poster vergrößert und zeigte mir freudestrahlend sein Werk. Animiert durch den Posterhersteller kam ein bayerisches Mitglied und schenkte mir einen goldenen Pfennig. Einer bot mir sogar seine Insel an, auf der ich mit meinen Freunden Urlaub machen könnte. Die bayerischen Parteifreunde verwöhnten mich. Bei all der Zuneigung, die mir da entgegengebracht wurde, schoß es mir plötzlich durch den Kopf: »Vielleicht ist es das letzte Mal, daß ich meine Parteifreunde aus dem Bund sehe.« Aus meiner vorsichtigen Erwägung, die REPs zu verlassen, war nach dem Genuß des letzten Schönhuber-Bonmots ein fast unbezwingbarer Drang geworden. »Streit's net« lag mir immer noch auf der Zunge, und mein Zorn darüber konnte durch die Sympathiebeweise meiner Parteifreunde nur zeitweise gedämpft werden.

Am nächsten Morgen hielt meine Depression immer noch an. Sogar im Dämmerzustand schlich sich gleich wieder Andres in meine Gedanken. Erstaunlich, wie Zuneigung und Abneigung dieselben Symptome hervorbringen können. Mich verband letzteres so innig mit ihm, daß auch 700 km Entfernung dieser Verbundenheit nichts anhaben konnten. Innere Monologe liefen bei mir ab. Was geht bloß in dir vor, Bernhard, was glaubst du denn, wer du bist, daß du jeden, der dir nicht in den Kram paßt, rausschmeißt und ausschließt. Andres-Kult. Schönhuber-Kult. Das Führerprinzip der Partei, mit der jede demokratische Regung plattgemacht werden soll. War das nicht ein wesentliches

Merkmal der Nazi-Ideologie? Und wenn das Fußvolk auf den Führer hört, braucht es auch nicht zu streiten.

Der politische Aschermittwoch fand in der Stadthalle, etwas außerhalb von Cham, statt. Etwa dreißig Demonstranten hatten sich versammelt, die natürlich »Nazis raus« grölten. Bißchen wenig Leute. »Nach dem Wahlerfolg in Berlin haben wir den meisten das Maul gestopft«, lachte ein Parteifreund. Wer lacht zuletzt? fragte ich mich. Ich ging in die Halle, wurde aber gleich wieder hinausgeschickt. Die Berliner sollten extra begrüßt werden. Wir sollten warten, bis man uns ein Zeichen gab. Also gut. Schönhuber fuhr – lautstark umjubelt – vor und verschwand in der warmen Halle. Wir Berliner standen in der eisigen Februarkälte. Ich war mal wieder passend angezogen. Wahrscheinlich hatte ich in Bayern den Sommer erwartet. Nach einer Viertelstunde fühlte ich mich wie ein Eiszapfen. Bevor ich ganz erstarrt war, schickte ich jemand in die Halle, der nachfragen sollte, was denn nun los sei. Man hatte uns vergessen. Irgendwie war auf die Bayern doch Verlaß. Sie behandelten uns genauso gut wie in Dinkelsbühl. Wahrscheinlich waren wir mit unserem Berlin-Status – nicht mal einen bundesrepublikanischen Ausweis haben wir, nur den grünen behelfsmäßigen Berliner Paß – keine anständigen BRD-Bürger und so nur ein lästiges Anhängsel der Mutterpartei. Gerade gut genug, um sich mit den paar Berliner Prozenten oder Karat, wie man will, zu schmücken. Dann erfolgte unser Einzug unter dem Jubel der Versammelten. Wir sollten uns auf die Bühne zu Schönhuber und Neubauer setzen. War zwar kein Platz für uns alle, aber immerhin eine nette Geste.

Ungefähr dreitausend Leute waren in der Halle versammelt, mehrere hundert standen noch draußen, weil sie keinen Platz mehr bekommen hatten. Die paar Berliner Karat schienen sehr werbewirksam zu sein. Aber wenn ich an die Berliner Partei dachte, wurde ich gleich wieder depressiv.

Eine frischgebackene Bezirksverordnete drückte dem Parteifreund *Jura,* meinem Zeitungshelfer, einen dunkelblauen Mantel in die Hand. »Hier, halten Se mal!« Erstaunt nahm *Jura* den Mantel. Nach ungefähr zehn Minuten fragte er nach, wie lange er den Mantel denn noch halten solle. »Na, die ganze Veranstaltung über. Nun seien Se mal nich so faul. Der Mantel gehört dem Herrn Neubauer, und der kann ihn jetzt nicht gebrauchen«, kam prompt die genervte Antwort. *Jura* murrte: »Und warum muß ich den Mantel halten? Sie können ihn doch auch nehmen!«

Die Parteifreundin war empört, schließlich sei *Jura* doch ein kräftiger junger Mann. Gut, dann lege sie ihn eben zur Seite, und Jura sei schuld, wenn er geklaut würde.

Das waren so die Probleme meiner Parteifreunde. Echt sonnig. Schönhuber hatte unterdessen mit seiner Rede begonnen. Erst mal wieder das große Wettern gegen die Medien und die EG. Die Zuhörer starrten ihn fasziniert an. Schönhuber war sich seiner Wirkung bewußt. Er sah wie ich die geröteten Gesichter der Leute, die wie im Fieber an ihn glaubten. »Kann man es mir verübeln, daß mir eine Großmutter in Cham wichtiger ist als eine in Anatolien?« Schmerz laß nach, nicht schon wieder. Wenn man eine seiner Reden kennt, kennt man sie alle. Sätze, die einmal eingeschlagen haben, verwendet er immer wieder für seine Show. Gezielt agiert er mit Reiz- und Schlüsselwörtern. Dazu gehört »Anatolien« genauso wie »Galinski«. Die Zuhörer reagieren mechanisch emotional. Der Pawlow-Reflex. »Früher liebten alle Franz Josef Strauß!« – Pause – »Wen lieben heute alle?« fragt der Republikaner-Chef. »Franz Schönhuber«, brüllt die versammelte Mannschaft. Mir lief es kalt den Rücken runter, wenn ich mir vorstellte, welche »Geständnisse« er diesen Menschen wohl noch ablocken könnte. Wahnsinn, wie er die Masse im Griff hat. Ich sah die roten Gesichter seiner Anhänger. Schönhuber war ihre Droge. Am Ende seiner Rede ungezügelte Ovationen. Einige Bauern gingen ehrfürchtig zu Schönhuber nach vorne und legten ihm Würste und Schinken zu Füßen. Wie in der Kirche die Opfergaben am Altar. Erntedankfest. Er lächelte milde. Wären sie auch bereit, ihm sein Leben zu opfern? Was sollten bloß permanent diese destruktiven Gedanken in meinem Hirn?

Die Blaskapelle spielte einen zackigen Marsch, während das Publikum den Saal verließ.

Meine Stimmung hatte der politische Aschermittwoch in Cham nicht gerade gehoben. Aber ich war um wichtige Einsichten reicher. »Streit's net miteinand', Kinder!« Von wegen. Und wie ich mich streiten würde in Berlin.

13. Kapitel

DIE REPY-HORROR-PICTURE-SHOW

Chaotische Zustände in der Partei

Anlässe zum Streiten gab's in Berlin dann tatsächlich genug. Leider waren sie so niederschmetternd, daß mir die Lust am Streiten meist schon im Vorfeld verging. Andres bemühte sich redlich, die Partei in Verruf zu bringen. Während des Interviews kurz nach der Wahl erfuhr ich, daß gegen ihn ein Strafverfahren wegen Urkundenfälschung gelaufen war. Meine Distanz zu solchen Parteigeschichten, zur Partei überhaupt, wurde immer größer. Also, der Landesvorsitzende Moralapostel in Sachen Ehrlichkeit und Recht und Ordnung sagt nicht nur häufig die Unwahrheit, sondern hat wegen Fälschung schon vor Gericht gestanden. Bei aller Distanz, führte ich mir so was vor Augen, erschien es mir immer noch unfaßbar. Hatte ich nicht selbst in den letzten beiden Jahren die Werte, die von unserer Partei gepredigt wurden, für bare Münze genommen?

Die Fraktion der Republikaner war mittlerweile ins Abgeordnetenhaus eingezogen. Nicht nur eingefleischte REPs tummelten sich in den neuen Fraktionsräumen im Regierungsbezirk Berlin-Schöneberg. Für den ehemaligen stellvertretenden Landesvorsitzenden der Jungen Union, Thorsten Thaler, war nun auch die große Chance gekommen. In der aufstrebenden Partei wurde er flugs zum Fraktionsassistenten von Carsten Pagel befördert. Ein gutbezahlter Job, für den man auch mal schnell seine Gesinnung ändern kann. Er schien die gepredigten Werte unserer Partei auch für bare Münze zu nehmen. Im Wortsinn. Mit dem Geld kamen die Neider. »Ich versteh' das nicht. Während der Wahl hat er gegen uns gekämpft, und jetzt sackt er die dicke Kohle ein«, wetterte ein Parteifreund, der knapp bei Kasse war. Ein anderer nickte zustimmend. »Na und obwohl er jetzt soviel verdient, läuft er mit abgelaufenen Schuhsohlen rum.«

Keiner der Anwesenden schien diesem Satz Bedeutung beizumessen. Mit einer Ausnahme: Fred Müller. Kurz vor der Wahl, nachdem die wesentliche Arbeit getan war, ist er den Republikanern beigetreten, hat fürchterlich gewirbelt, Fenster und Türen der Spandauer Geschäftsstelle auswechseln lassen, und dann ging die Sache mit seiner schwarzen Liste los. Wer auf dieser Liste stand, wurde von Fred Müller verfolgt. Der eifrige Parteifreund stöberte in der Vergangenheit des jeweiligen Mitglieds.

Parteiproblem Nummer 1 war für ihn in dieser Zeit jedoch: Thorsten Thalers abgelaufene Schuhsohlen. Das bewies schon das Engagement, das er in dieser Angelegenheit an den Tag legte. An seinem freien Tag fuhr er mit dem Bus von Spandau nach Schöneberg. Die Fahrtzeit dürfte ungefährt anderthalb Stunden betragen haben. Im Regierungsbezirk angekommen, eilte Fred Müller zum Rathaus in die Fraktionsräume zu Thorsten Thaler. Dem verdutzten Fraktionsassistenten knallte er 5 DM auf den Tisch, nach dem Motto, ein Thaler für den Thaler. »Hier, nun laß dir mal deine Schuhe ordentlich besohlen!« sprach's und verschwand.

In der folgenden Zeit rühmte sich Fred Müller seiner vortrefflichen Leistung. Als er einer Spandauer Bezirksverordneten von seiner glorreichen Tat erzählte, fragte die nur, ob er wahnsinnig sei. Das wollte der übereifrige Parteikollege nicht auf sich sitzen lassen. »Ich fotografiere die Absätze vom Thaler und lasse das Berliner Volksblatt über diese Liederlichkeit berichten!« Ohne weiteren Kommentar warf die Bezirksverordnete den verdienten Fred Müller aus den Fraktionsräumen. Eine kleine Szene aus dem täglichen Wahnsinn der Republikaner.

Bernhard Andres geriet unterdessen stärker ins Schußfeld der Mitglieder. Dem Landesvorsitzenden gefiel der Kreisvorstand im Verband Schöneberg nicht besonders, also ließ Bernhard vom Landesvorstand beschließen, daß Neuwahlen fällig seien.

Die Notwendigkeit dieses Beschlusses sah ich nicht ein. Erst vor wenigen Wochen hatte der Kreisverband Schöneberg neu gewählt, und an dem Kreisvorsitzenden war meiner Meinung nach nichts auszusetzen. Mit dieser Ansicht drang ich beim Landesvorstand nicht durch. Sie hatten wohl alle Angst, ihren Posten zu verlieren, wenn sie sich querstellten. Ja spinn' ich denn, dachte ich, da sitzen lauter Leute, die sich ihrer Erfahrungen und ihrer Aufrichtigkeit rühmen, und keiner traut sich offen gegen Andres vorzugehen.

Als der Schöneberger Kreisvorsitzende von dem Beschluß des Landesvorstandes hörte, wandte er sich hilfesuchend an den Parteifreund *Jura*. Der Student erkannte, daß Andres' Vorgehen gegen die Satzung verstieß und begab sich in die Fraktionsräume der Republikaner im Abgeordnetenhaus.

Jura äußerte Andres gegenüber seine Kritik. Da kam er an die richtige Adresse! Der Landesvorsitzende hatte die Nörgeleien des Parteifreundes schnell satt. Welche Anmaßung! Einer wagte es, den großen Berliner Republikaner-Chef zu kritisieren. Von Bernhards Gesicht konnte man deutlich ablesen, wie er krampfhaft nach einer Lösung suchte, den Querulanten auf die schnellste Weise loszuwerden. Nach einiger Zeit kam ihm wenn auch keine gute, so doch immerhin eine Idee. Andres erhob sich von seinem Platz und ging nachdenklich im Raum auf und ab. Plötzlich schlich er sich von hinten an *Jura* heran, nahm ihn in den Polizeigriff, zog ihn rückwärts vom Stuhl und schleuderte den wild zappelnden Parteifreund aus dem Raum.

Völlig fassungslos rappelte sich *Jura* wieder auf. Mit starken Prellungen am ganzen Körper und einem zerrissenen Hemd verließ er das Schöneberger Rathaus.

Er war jetzt um eine gewalttätige Erfahrung reicher, aber ärmer um die Illusion, daß die Republikaner Wert auf demokratische Umgangsformen legten.

Dieser Zwischenfall mit *Jura,* dem stellvertretenden Fraktionsvorsitzenden der Bezirksverordnetenversammlung Tiergarten, war aber nur die Spitze des Eisbergs. Schon des öfteren hatte ich erlebt, wie Mitglieder, die nicht einer Meinung waren, ihre Differenzen ausglichen. »Komm mal mit raus vor die Tür«, hieß es dann. Was das bedeutete, war klar. Die haben ihre Lektion in Sachen Basisdemokratie anscheinend im Dschungel gelernt. Womit nichts gegen den Dschungel gesagt sein soll. Mich hat es immer irritiert, wenn Parteifreunde, besonders während des Wahlkampfes, vom Faustrecht Gebrauch machten. Aber dabei hatte es sich meistens um einfache Mitglieder gehandelt. Die Gewaltanwendung des Landesvorsitzenden gegenüber einem Mandatsträger war jedoch von ganz anderem Gewicht. Gewalt war jetzt an der Tagesordnung, sie war sozusagen legitimiert.

Am nächsten Tag sprach ich Andres in den Fraktionsräumen auf den Vorfall an. Genüßlich nuckelte er an seiner Zigarettenspitze und stieß bedeutsam den Qualm zwischen den Lippen hervor. »Na, isch bin doch als Chef der Republikaner der oberste Hüter von Rescht und Ordnung hier in Berlin. Und so habe isch für Ordnung gesorgt.«

Der Landesvorsitzende sorgte nicht nur für Ordnung, sondern auch für seine Frau. Monika Andres hatte die Partei während des Wahlkampfes bestreikt und rührte keinen Finger mehr, weil die Republikaner ihr den Mann wegnähmen. Kaum waren aber Posten zu vergeben, blühte Frau Monika richtig auf und bewarb sich als Fraktionssekretärin. Klar, daß ihr Mann bei der Einstellung ebensoviel Wert auf die Qualifikation wie auf die Vertrauenswürdigkeit seiner Schreibkraft legte. Ebenfalls logisch, daß für Andres seine Frau die einzige Person war, der er Vertrauen entgegenbringen konnte. Doch es reichte nicht, daß Andres Landes- und Fraktionsvorsitzender war und seine Frau Fraktionssekretärin. Monika Andres dachte nicht im Traum daran, ihr Bezirksverordnetenmandat einem Nachrücker abzutreten. Bei den Mitgliedern und Sympathisanten kam es freilich schlecht an, daß die Partei, die sich über den Filz bei den Altparteien aufregte, schon nach kürzester Zeit selbst verfilzt war.

Die REPy-Horror-Picture-Show ging fröhlich weiter. Auf einer Landesvorstandssitzung Anfang März forderte ein Parteimitglied die Rückzahlung eines von ihm gewährten Darlehens in Höhe von 68000 DM. Ein Betrag, dessen Höhe die Landesvorstandsmitglieder kräftig zusammenzucken ließ. Was hatte Andres, der kleine Schelm, denn da nun wieder angestellt? Über so hohe Summen durfte er nicht im Alleingang entscheiden. Vorwurfsvoll sahen wir ihn an. Bernhard griff nach seinem Bacardi und erklärte völlig ungerührt: »Nee, so einen Vertrag habe isch nie unterschrieben.« Natürlich verließ sich der Landesvorstand erst mal darauf, daß Andres die Wahrheit sagte, und sah keine Veranlassung zu zahlen. Wenig später wandte sich der Parteikollege mit seiner Forderung an den Landesschatzmeister und legte ihm einen juristisch nicht anfechtbaren 100 000-DM-Darlehensvertrag mit Andres' Unterschrift vor. Dieser Vertrag wurde dem Republikaner-Chef bei der nächsten Sitzung unter die Nase gehalten.

Andres errötete zart. Immerhin, er schien noch einen Rest Schamgefühl zu besitzen. Aber er sammelte sich recht schnell und erklärte frank und frei, das sei eine Fälschung. »So habe isch das nisch unterschrieben.«

Einer wandte ein, daß es sich auf dem Vertrag doch eindeutig um seine Unterschrift handle. Das mußte er schließlich zugeben. »Klar«, sagte er, »ist das meine Unterschrift. Isch habe dem Kreisvorsitzenden des Verbandes Nord sechs Blankoformulare gegeben, damit isch nisch jedesmal extra unterschreiben mußte, wenn sich ein Darlehensgeber gefunden hatte. Und diese Formulare sind in die falschen Hände gekommen.«

Vielleicht war er subjektiv unschuldig, und seine Mutter hatte ihm als Kind einfach zuviel Münchhausen vorgelesen. Ich jedenfalls hatte genug von diesen parlamentarischen Märchenstunden. Die anderen Landesvorstandsmitglieder guckten zwar alle etwas ungläubig, doch keiner sagte was. Es kam nicht einmal der Vorwurf, daß er doch nicht einfach Darlehensverträge blanko unterschreiben kann. Sollte ich denn immer allein gegen den Strom schwimmen? Aus diesem trägen, moralunempfindlichen Haufen von Landesvorstandsmitgliedern setzte sich unsere Fraktion im Abgeordnetenhaus hauptsächlich zusammen. Einzige Ausnahme Landesschatzmeister Hermann Voss. Die anderen erschienen mir wie willenlose Andres-Marionetten.

Kein Wunder, daß Andres nicht zur Rechenschaft gezogen wurde, als sich herausstellte, daß die Blankoformulare nicht mißbraucht worden waren und Bernhard dem Darlehensgeber einen Tag nach dessen Parteieintritt die freie Verfügung über das Geld für Werbezwecke eingeräumt hatte. Mir war es unverständlich, wie Andres einen wildfremden Menschen, der erst einen Tag der Partei angehörte, über eine solche Summe frei verfügen ließ.

Meine Parteifreunde blieben ganz cool. 600000 DM Wahlkampfkostenrückerstattung – was sind da schon 68000 DM?

Wenn ich meine Parteifreunde richtig einschätzte, würde nach einem halben Jahr von der Erstattung nichts mehr übrig sein. Es zeigte sich bald, daß ich die Republikaner unterschätzt hatte. Bereits nach sechs Wochen hatten sie das Geld ausgegeben.

Zunächst mußten wir die Darlehen für den Wahlkampf zurückzahlen – ungefähr 60000–70000 DM. Dann sollte jeder Kreisverband 10000 DM Startkapital für die Einrichtung einer Geschäftsstelle erhalten. Mein Versuch, das Startkapital auf 5000 DM zu senken, scheiterte. Andres hielt mir meine kleinkarierte Einstellung vor. »Wir haben jetzt Geld. Warum sollen wir es nisch ausgeben? Sei doch nisch so kleinlisch!« Sparsamkeit gehörte übrigens auch zu den proklamierten Tugenden der Republikaner. Dann eine Computeranlage für 60000 DM und das Darlehen über

100000 DM an die Bundespartei für die Europawahl. Dieses Darlehen war in meinen Augen die einzige vernünftige Geldanlage. Jedenfalls, 400000 DM waren schon mal weg.

Das restliche Geld wurde auf den Kopf gehauen. Die Republikaner veranstalteten riesige Freß- und Saufgelage, die sie als politische Arbeitsessen ausgaben, und dann gab's da noch etliche Anschaffungen, wie zum Beispiel eine Schreibmaschine für 10000 DM.

Was der Partei blieb, waren Mandate, die mit unqualifizierten Leuten besetzt waren. Die Abgeordneten wußten nicht so recht, was sie im Abgeordnetenhaus tun sollten. »Wir bekommen 6000 DM und sind immer in Urlaubsstimmung«, freute sich ein Parteikollege während einer Landesvorstandssitzung. Auf meine Frage, ob sie denn nichts zu arbeiten hätten, erntete ich erstaunte Blicke. »Nö«, erwiderte ein anderer Parlamentarier, »wir haben einen großen Reißwolf, und da stecken wir die Briefe der Bürger und was sonst noch so kommt, immer rein. Soviel Post können wir unmöglich bearbeiten.« Was sich wie Ironie anhört, war leider die nackte Wahrheit. Die 90000 REP-Wähler taten mir jetzt schon ein bißchen leid.

Der nächste Stein war auch schon am Rollen.

Wir hatten eine Veranstaltung im Rathaus Schöneberg. Ich fühlte mich an diesem Tag nicht besonders gut und verließ die Versammlung zusammen mit zwei Parteifreunden vor den anderen Mitgliedern so gegen 23.30 Uhr. Als wir am Pförtner vorbeikamen, fragte er, ob wir jetzt schon gehen wollten, normalerweise kämen die Republikaner doch erst um diese Zeit. Was sollte denn das schon wieder heißen? Als ich etwas irritiert nachfragte, erfuhr ich, daß ein Abgeordneter in der vergangenen Nacht völlig betrunken nach dem

Schlüssel für die Fraktionsräume gefragt haben soll. Wahrscheinlich hätte er die Nacht im Abgeordnetenhaus verbracht. Dieser Sache wollte ich auf den Grund gehen. Nach intensiven Recherchen erfuhr ich von einem Abgeordneten, daß einer seiner Kollegen mit einem Bekannten durch die Schöneberger Kneipen gezogen war. Am Ende der Sauftour muß ihm der Weg nach Reinickendorf, wo er wohnte, einfach zu weit erschienen sein. Schließlich hatte er seinen Führerschein wegen Trunkenheit am Steuer eingebüßt und war auf öffentliche Verkehrsmittel angewiesen. Er sagte sich, warum denn in die Ferne schweifen, wenn das Abgeordnetenhaus so nah liegt, ließ sich vom Pförtner den Schlüssel geben und wurde von einem emsigen Abgeordneten, der schon um 7.30 Uhr in den Fraktionsräumen erschien, tief schlummernd auf einem der Schreibtische vorgefunden. Gerade wollte der Kollege den nächtlichen Arbeitseinsatz loben, als er starke Alkoholausdünstungen wahrnahm. Unwirsch scheuchte er den Trunkenbold vom Tisch.

Über so ein Fehlverhalten konnte man in der Partei aber genausowenig diskutieren wie über das Programm. Es lag mir schon lange am Herzen, die Schwerpunkte Umwelt- und Wohnungspolitik stärker auszubauen und überhaupt endlich mal über Inhalte zu reden und nicht nur den täglichen Wahnsinn zu verwalten. Aber wenn ich damit ankam, hieß es nur: »Wir haben doch ein Programm, das reischt.« Noch schlimmer, wenn ich die Frauenpolitik der Republikaner ansprach. Es ginge doch nicht, die Frauen einfach zurück an den Herd zu verbannen. »Ach, hör doch mit diesem Quatsch auf«, kam dann prompt die genervte Antwort. Aber das waren eben die Probleme, die ich nicht mit mir selbst abmachen konnte. Es war paradox. Da war ich in einer politischen Partei und konnte mit keinem meiner Parteifreunde wirklich über Politik sprechen.

Letztendlich kam ich zu der Ansicht, daß es sich bei meinen Kollegen schlichtweg um Stammtischpolitiker handelte. Es war ihnen viel wichtiger, Bier zu trinken und dabei Gesellschaft zu haben. Politische Auseinandersetzungen waren ihnen viel zu anstrengend und kompliziert. Sie reagierten auf einfache Parolen: »Ausländer raus!« *Das* verstanden sie unter Politik. Klar, daß sie sich überfordert fühlten, wenn ich versuchte, ihnen klarzumachen, daß es bei der Ausländerpolitik lediglich darum ginge, den starken Ausländerstrom zu senken, und nicht darum, den hier lebenden Gastarbeitern das Leben schwer zu machen. »Na, entweder, du bist für die Ausländer, oder du bist gegen sie«, hieß es dann. Ich gab es auf.

Auch mit dem Tiergartener Kreisvorsitzenden und Pressesprecher Carsten Pagel, der immer vorgab, informierter und problembewußter zu sein als alle anderen, konnte ich über meine Anliegen nicht reden. Er wußte zwar, daß er »mit einer Welle ins Ungewisse« gespült wurde, aber es war ihm egal. Ihn interessierte nicht, daß unkontrolliert Mitglieder aufgenommen wurden. Ihn interessierte nicht, daß inzwischen Gewalt bei den Republikanern auf der Tagesordnung stand. Es interessierte ihn auch nicht, wenn Andres log, daß sich die Balken bogen. Pagel hatte andere Probleme. Er ging von einer Veranstaltung zur nächsten und scheffelte Mehrheiten. Nun, nachdem die Partei Erfolg hatte, wollte er Landesvorsitzender werden. Noch im Sommer 1988 hatte er eine Kandidatur abgelehnt. Wegen seines Studiums sei er überlastet, hieß es damals. Mit seiner Ausbildung war er jetzt aber auch noch nicht fertig, und die Funktion des Landesvorsitzenden erforderte noch mehr Zeit und Arbeitseinsatz als früher. Daß es sich bei seinem plötzlichen Eifer nicht um ideelles Engagement handelte, lag ziemlich klar auf der Hand.

Überall agierte er hinter dem Rücken von Bernhard Andres, machte klar, daß Andres ein Versager sei und er, Pagel, der Könner. Hatte einer ein Problem, dann sollte er Pagel zum Landesvorsitzenden wählen, und alles stünde zum besten.

Ich muß gestehen, ich habe Pagels Einstellung erst sehr spät verstanden. Mich beunruhigte noch immer die Sache mit dem Kreisvorsitzenden Rainer Beyer, den Andres der Unterschlagung von 4000 DM bezichtigt hatte. Das könnten wir doch nicht einfach so durchgehen lassen, sagte ich zu Pagel. Seine Antwort: »Okay, die Sache war nicht in Ordnung, aber halte bloß den Mund. Sonst kommt nur Unruhe in die Partei. Das kostet mich Stimmen.«

So war das also. Wenn es um Pagels Mehrheiten ging, konnten ruhig falsche Anschuldigungen im Raum stehen bleiben. Meine Enttäuschung muß der Tiergartener Kreisvorsitzende wohl bemerkt haben. Tröstend meinte er: »Laß mal, die Partei ist sowieso ein Scherbenhaufen. Wenn ich Landesvorsitzender bin, wird das alles anders.« Ich hätte ihn erschlagen können. Die Haudegenmentalität schien auch mich zu erfassen.

Es war wirklich wie verhext. Ich kam überhaupt nicht zur Ruhe. Ein Schlag löste den nächsten ab. Aus der Zeitung erfuhr ich, daß ein Republikaner während eines Fußballspiels durch laute Sieg-Heil-Rufe aufgefallen war. Wir waren also, wie ich befürchtet hatte, von Neonazis unterwandert.

Himmel, war ich wütend. Diese Unterwanderung hätten wir doch leicht verhindern können, wenn wir nur früh genug damit begonnen hätten, die Anträge der neuen Mitglieder zu überprüfen.

Was half es denn, wenn wir aufgrund eines solchen Vorfalls die Mitgliedsrechte des betreffenden Parteikollegen ruhen ließen? Wie konnten wir uns als Demokraten ausgeben, wenn wir Neonazis unter uns hatten? Dieser Rechtsextreme war nun aufgefallen. Wie viele aber hatten wir unter uns, die still und heimlich ihr neofaschistisches Gedankengut bei den Republikanern einfließen ließen?

Öffentlich bekannt wurde auch der Fall eines Mitglieds, das bereits drei Jahre Haft wegen rechtsextremistischer Aktionen hinter sich hatte. Der Mann machte daraus kein Hehl. Andres schien es nicht zu stören, daß dieser Verrückte vor einigen Jahren die NSDAP in West-Berlin neu gründen wollte.

Was waren die Republikaner inzwischen denn anderes als eine trübe Mischung aus unqualifizierten Kräften, Gewalt, Intrigen, Filz und Neonazis. Eine junge Partei nach dem ersten Wahlerfolg hatte ich mir anders vorgestellt.

14. Kapitel

NICHTS WIE WEG!

Ich ziehe den Schlußstrich

Alarmstufe eins. Von wegen, gut aufgehoben und am richtigen Platz. Solche Gefühle hatte ich in dieser Partei schon lange nicht mehr. Ein ganz anderes Gefühl drängte sich auf. Ich bekam Angst. Und diese Angst war anders als die, die ich im Laufe meiner Parteizeit immer mal wieder in ganz konkreten Situationen empfunden hatte: Angst vor den Chaoten, vor Demonstrationen, vor Schlägereien oder die diffuse Angst bei unserem Wahlspot. Das alles war eher eine Art Unbehagen, dem ich letztendlich immer standhalten konnte. Was sich jetzt in mir abspielte, hatte eine neue Dimension, die sich aus vielen Gefühlen zusammensetzte: Beklemmung, Verlassenheit, Ausweglosigkeit.

Es waren die Republikaner, die mir angst machten. Nicht ein einzelner, sondern alle und alles zusammen. Prügeleien, Beschimpfungen, okay, wenn etwas offensichtlich ist, kann ich irgendwie damit umgehen. Schlimmer sah es unter der Oberfläche aus. Intrigen, Filz, Verleumdungen, Unterschlagungen, Bespitzelungen, Geld- und Machtgier. Aber selbst das war vielleicht normal für eine politische Partei. Derartige Geschichten, die sich besonders nach der Wahl potenzierten, hatten mich zwar ziemlich ins Schleudern gebracht, aber das allein war's auch nicht.

Wie viele Nazis waren mittlerweile unter uns, in unserem Umfeld, unter unseren Wählern? Hundert, tausend, zehntausend oder mehr? Es war nicht mehr zu überschauen. Dem, der diese Verhältnisse nicht so gut kennt wie ich, mag es vielleicht überzogen erscheinen, aber diese Situation in der Partei machte mir eine Vorstellung zur Obsession: Die Neonazis lassen sich auf demokratischem Weg wählen, um die Demokratie abzuschaffen. Eine demokratische Partei, die nicht im Verfassungsschutzbericht aufgeführt ist, als Tarnorganisation zur Verwirklichung ihrer Ziele.

Was ich über den Faschismus gelernt hatte, reichte aus, um zu wissen, daß ich in einem solchen Horrorstaat nicht leben will und schon gar nicht – ihn mittragen.

Fast 100000 Wähler in Berlin auf Anhieb. Wie viele würden es bei der nächsten Wahl sein? Wenn die Parteifreunde meine Ängste nicht teilten und sich die Nazis bei den REPs weiterhin breitmachten, mußte ich andere Wege finden, diese Partei zu bekämpfen. Von innen war es unter diesen Umständen kaum zu schaffen. Meine Versuche zu diskutieren waren ja hundertmal fehlgeschlagen. Immer wieder rief ich mir die Situation der Partei vor Augen, die Ehrlichkeit und Recht und Ordnung predigt. Gut, mit sehr viel Humor und Sinn für Satire ließ sich vielleicht darüber lachen. Aber spätestens bei den Faschisten hört der Spaß auf.

Und ausgerechnet diese Partei wollte etwas für die innere Sicherheit tun? Sie glich doch mittlerweile selbst einer kriminellen Vereinigung, und so, wie die Mitglieder die Demokratie nach innen mit Füßen traten, würden sie es auch nach außen tun, wenn sie nur ein Zipfelchen Macht erwischten.

Ein letztes Mal versuchte ich mit einigen Mitgliedern über die katastrophale Lage der Partei zu sprechen. Doch meinen Ängsten und Sorgen gegenüber waren sie so dumpf und dröge wie eh und je. »Es wird schon werden«, hieß es. Natürlich würde es werden, aber bekamen sie denn wirklich nicht mit, *was* das wird?

Wenn Andres nicht mehr an der Macht wäre, würden wir Pagel bekommen. Der eine war ebensowenig an der Verwirklichung politischer Ideale interessiert wie der andere. Es wurde nur noch um Posten gerangelt, und es gab keinen Platz mehr für wirkliches Engagement. Um einen Posten zu ergattern, sind sie bereit, alles aufs Spiel zu setzen, ob es nun die eigene Ehre ist oder die Demokratie unseres Staates.

Mir wurde auch immer deutlicher, wie die REPs die Grenzen zwischen rechter CDU und NPD/DVU verwischen. Die Republikaner sind rechts von der CDU, und die NPD befindet sich wiederum rechts von den REPs. Sie vereinigen ehemalige CDU-Mitglieder mit NPD-Anhängern. Ein wildes Gemisch, bei dem keiner mehr die Konservativen von den Rechtsextremen unterscheiden kann. Auf diese Weise wird der Rechtsextremismus legalisiert. Nein, er ist sogar schon legalisiert. Völlig naiv hatte ich mich für diese Politik engagiert, viel Arbeit, Zeit und Kraft hineingesteckt. Mir wurde eng ums Herz. Es blieb wohl nichts andres, als diese von Faschisten unterwanderte Partei zu verlassen. Nach all dem Hin und Her hatte ich plötzlich das klare Gefühl – nichts wie weg!

Doch halt, ganz so einfach war das nicht. Irgendwie brach dann noch mein Ordnungssinn durch. Vielleicht war es auch meine ehemals starke emotionale Verbundenheit mit dieser Partei oder richtiger, mit meinen Vorstellungen von ihr. Jedenfalls entschloß ich mich, die Arbeiten, die ich angefangen hatte, noch vor meinem Austritt zu Ende zu bringen. Da war zum Beispiel die dritte Ausgabe der Berliner Parteizeitung. Würde ich eben erst Mitte April austreten. Den Parteikollegen sagte ich vorerst nichts von meinem Entschluß. Sie hätten mich sowieso nicht verstanden, und auf ihre billigen Argumente war ich auch nicht scharf. Die kannte ich schon zur Genüge. Die Diskrepanz zwischen meiner politischen Überzeugung und dem Kurs der Partei war einfach zu groß. Und an einer Funktion oder einem Amt um des Amtes willen hänge ich auch nicht. War schon merkwürdig, daß keines der anderen Landesvorstandsmitglieder, die doch genausoviel Einblick in die Parteistruktur hatten wie ich, bereit waren, einen Schlußstrich zu ziehen. Was hielt sie bei der Stange? Feigheit, Postengier, politische Borniertheit, Idiotie? Jedenfalls wollte ich die Parteizeitung noch fertigmachen.

Als Chefredakteur setzte ich den Namen von Carsten Pagel ein. Wenn die Zeitung herauskam, würde ich nicht mehr Mitglied der Partei sein, und eine ausgetretene Chefredakteurin machte die Zeitung wertlos.

Pagel war happy, daß er als Chefredakteur fungierte, er stand ja so auf Titel und Posten.

Mitte April verabredete ich mich mit dem Pressesprecher und übergab ihm die Zeitung und mein Austrittsschreiben. Pagel, der wie die anderen bisher nichts von meinem Vorhaben gewußt hatte, nahm zum ersten Mal Haltung an und wurde noch blasser, als er es sowieso schon war. »Aber wieso denn das, wir können doch in aller Ruhe über deine Probleme reden.« Ich dachte, prima – Pagel, der Wunderheiler! »Bemüh dich nicht«, sagte ich zu ihm, »ich habe meinen Entschluß unwiderruflich gefaßt.«

Pagel las das Austrittsschreiben. Ich verwies darin nochmals auf Rainer Beyer, daß es unhaltbar sei, diesen Mann der Unterschlagung von 4000 DM zu bezichtigen. Außerdem äußerte ich mein Unbehagen, daß sieben der heutigen elf Abgeordneten diese Unterstellung bedenkenlos unterschrieben hatten.

Pressesprecher Pagel wurde sehr ernst. »Nee, wenn die Sache mit Beyer in dem Brief steht, kann ich ihn nicht annehmen. Die Abgeordneten werden sauer, wenn ich so ein Schreiben in die Fraktion bringe. Das kostet mich Stimmen.«

Mich wunderte gar nichts mehr. Mußte ich mein Austrittsschreiben eben anders loswerden.

Jura, Tiergarten, hatte auch nach der schmerzlichen Bekanntschaft mit Andres' Polizeigriff immer noch Rückgrat genug, meinen Brief bei den Republikanern abzugeben.

Wenig später klingelte mein Telefon. Ein Landesvorstandsmitglied schien völlig erschlagen zu sein von meinem Austritt. Bei den Republikanern würde es ihm zwar auch nicht mehr besonders gefallen, aber ich sollte mir die Sache trotzdem noch einmal überlegen und lieber bleiben.

Was war denn das nun wieder für eine schlaffe Haltung? »Nicht besonders gefallen« – mit »gefallen« oder »nicht gefallen« hatte mein Austritt am wenigsten zu tun. Die schienen tatsächlich alle nicht über ihre eigene Nasenspitze hinauszudenken. Von politischer Verantwortung hatten die wohl noch nichts gehört. Ich sagte ihm, mein Entschluß stehe endgültig fest.

Vom Landesvorstand wurde mein Austritt so lange wie möglich geheimgehalten. Die einfachen Mitglieder erfuhren es ungefähr eine Woche später aus dem Nachrichtenmagazin SPIEGEL. Das war eigentlich ganz gut, denn viele wußten offensichtlich gar nicht, was sich an der Spitze des Landesverbandes zutrug. In dem SPIEGEL-Artikel lernten sie die Gründe kennen, die mich zum Austritt gebracht haben. Vielleicht würden jetzt einige kapieren, daß ihre Partei eigentlich keine politische Arbeit leistete, sondern mit Ränkespielen, Intrigen und Gewalt völlig ausgelastet war. Nach dieser SPIEGEL-Veröffentlichung riefen sehr viele Mitglieder bei mir an. Sie bräuchten doch gerade die gemäßigten Kräfte bei den Republikanern, hieß es, oder, ich sollte warten, der nächste Parteitag käme doch in absehbarer Zeit, und dann wäre Pagel Landesvorsitzender. Mit dem würde alles besser werden.

Ich lach' mich tot. Andres hatte sich wenigstens für die Partei eingesetzt und als Landesvorsitzender kandidiert, als die Republikaner noch ganz unten waren. Von seinem Unterhaltungswert ganz zu schweigen. Pagel wollte die Lorbeeren ernten. Zu einem klaren Gedanken war dieser Mensch sowieso nicht mehr fähig, das hatte ich oft genug in Auseinandersetzungen gemerkt. Der dachte nur noch an seine Mehrheiten. Kein Wunder, daß er in der CDU gescheitert war. In seinem Größenwahn wollte er wohl gleich den Diepgen ablösen. Gut, ein bißchen Rhetorik hatte er immerhin bei der CDU gelernt. Mit dieser Fähigkeit, die mit Mühe seine Hohlheit verbarg, konnte er bei Leuten glänzen, die sich gerne von schönen Worten verführen lassen. Ich war ja selbst schon manches Mal darauf reingefallen und wußte, was dahintersteckte. Ein Satz von Pagel, und ich bekam Würgegefühle. Keinen Funken Idealismus hat dieser Mensch. Und diesen machtgeilen Blender wollten sie mir nun als Lichtblick verkaufen? Na, ich danke.

So sicher war ich mir auch gar nicht, daß Pagel gewählt werden würde. Andere merkten doch auch, daß dieser Mensch einen miesen Charakter hat. Da war Andres vielen sympathischer, auch wenn es mit seiner

Intelligenz so eine Sache ist. Aber es gab ja genügend Leute bei uns, denen ein solcher Mangel gar nicht auffallen konnte. Er war eben einer von ihnen, ein kumpelhafter Typ, mit dem man raufen und saufen kann. Wem daran nicht gelegen war, der konnte immerhin über ihn lachen.

Pagel sah die Probleme erstaunlicherweise momentan nicht so sehr bei seinen Mehrheiten, sondern bei der öffentlichen Wirksamkeit meines Austritts. Er sorgte sich. Bald würde er den Landesvorsitz übernehmen und ich brachte gerade jetzt die Saubermann-Partei durch meinen Austritt in Verruf.

Was tun? Pagel, nicht faul, aber verlogen, ließ in einer Presseerklärung verlauten, daß meine Vorwürfe »größtenteils frei erfunden« seien. Ein Bezirksverordneter, der völlig anachronistisch immer noch auf dem Trip war, daß die Republikaner die Ehrlichkeit, die sie auf ihre Fahnen geschrieben haben, auch praktizieren müssen, dementierte ahnungslos in einer Presseerklärung Pagels Anschuldigungen gegen mich. Auf Drängen Pagels wurde dieser letzte einsame Kämpfer in Sachen Tugenden gleich aus der Partei und der Bezirksverordnetenfraktion ausgeschlossen.

Mein Austritt, der nun bundesweit Schlagzeilen gemacht hatte, bewegte viele Republikaner. Gerade in Bayern hatte ich viele mitfühlende Parteifreunde. Sie stimmten mir zu, daß die Situation der Partei in Berlin unerträglich sei, und meinten, ich solle doch bei den Republikanern in Bayern mitarbeiten. Es war unmöglich, diesen Leuten klarzumachen, daß es nicht nur um die Berliner Situation, sondern um die Struktur der gesamten Partei ging. Die Leute kapierten nicht, welche Gefahren von einem Bundesvorsitzenden ausgehen, dem die Politik völlig egal ist, der sie nur als Mittel benutzt, um sich in den Vordergrund zu spielen. Sie schienen alle so von seiner Show-Aura eingenebelt zu sein, daß sie den Blick für die Realitäten völlig verloren hatten. Bei diesen Gesprächen wurde mir noch einmal deutlich, wie stark der Bundesvorsitzende seine Anhänger im Griff hat. Wahrscheinlich würden sie jeden Befehl von ihm ausführen, egal, wie er lautete. Ich hätte mit Engelszungen reden können. Meine Befürchtungen, daß Schönhuber jede Politik verficht, mit der er ins Rampenlicht gerät, verstanden sie nicht.

Im Berliner Landesverband sah man sich nach meinem Austritt nicht genötigt, den Kurs der Partei zu überdenken, sondern spielte diesen Vorfall herunter. Ich sei von der CDU gekauft, hieß es. Glücklicherweise ließen sich nicht alle Mitglieder von Verleumdungen dieser Art täuschen. So schrieb der Diplomingenieur Slawik einen Brief an den Wilmersdorfer Kreisvorsitzenden, Beisitzer im Landesvorstand und Abgeordneten Richard Miosga, in dem es hieß: »Ihnen ist vorzuwerfen, daß Sie vorsätzlich die Mitglieder der Partei nicht richtig unterrichten und nicht bewiesene Gerüchte verbreiten. So behaupten Sie, ohne Beweise zu haben, daß Frau Kliche von der CDU gekauft wurde...«

Natürlich freute ich mich, daß sich jemand gegen die Machenschaften des Landesvorstands wehrte. Allerdings war ich über die Verleumdung von seiten Miosgas nicht sonderlich erstaunt. Ich wußte, daß er auf sein neues Abgeordnetenmandat ungeheuer stolz war, daß er sich von Andres alles bieten ließ und dessen Verhalten deckte. Vom Toilettenpapiervertreter zum Abgeordneten ist schon ein Aufstieg. Soll mir die Postengeilheit der Republikaner doch gestohlen bleiben!

In der Öffentlichkeit schlug mein Austritt indessen

hohe Wellen. Sämtliche Medien versuchten zu erfahren, warum ich die Republikaner für unseriös hielt, wie Andres' Gewalttätigkeiten im Abgeordnetenhaus sich abgespielt hatten und ob wirklich Neonazis in der Partei zu finden seien. Zwar wurde mir dieser Medienstreß oft zu viel, aber ich sah es als eine politische Pflicht an, über meine Kenntnisse von der republikanischen Realität Auskunft zu geben. Pagel, vorneweg, dementierte meine Aussagen heftig. Er hatte wohl Angst, aus der Partei ausgeschlossen zu werden, wenn er nicht für Andres in die Bresche sprang.

Die Öffentlichkeit ließ sich von den Dementis der Republikaner nicht täuschen. Viele Journalisten gratulierten mir zu meinem Entschluß, und Leute aus dem gesamten Bundesgebiet beglückwünschten mich, daß ich Rückgrat zeigte und auf Partei und Funktion als stellvertretende Landesvorsitzende verzichtete, nachdem ich gesehen hatte, wo die REPhühner langlaufen.

Ich konnte es nicht fassen, wieviel Post bei mir eintraf. Bis heute hab' ich's nicht geschafft, alle Briefe zu beantworten. Aber diese Reaktionen der Bürger machen mir Mut. Es wird also doch honoriert, wenn man versucht, sich für eine ehrliche Politik einzusetzen. Dieses Interesse der Wähler gibt mir auch die Kraft, mich nach diesem Republikaner-Desaster weiterhin in der Politik zu engagieren.

Nachtrag

THE SHOW MUST GO ON

Europawahl – Johanna Grund, die stellvertretende Bundesvorsitzende, kündigte in einer Wahlkampfrede an, daß die Republikaner das Wunder von Berlin, damit meinte sie die 7,5 Karat, vervielfältigen wollten.

Tatsächlich erzielten die REPs bei der Europawahl 7,1 Prozent. Das schien der endgültige Durchbruch zu sein. Die Wahlkampfkostenrückerstattung von 16 Millionen DM machte es möglich, die Partei zu sanieren und richtig auszubauen.

Tatsächlich ging es zu wie in einem Hühnerstall. Die REPhähne lieferten sich ihre Kämpfe. Da die Dummheit von Hühnern sprichwörtlich ist, mußte jeder Funken von Intelligenz schon auf Verdacht hin bekämpft werden. Eine Art Reinheitsgebot. So verfaßte der Geschäftsstellenführer von Spandau am 22. 6. 89 ein Schreiben: »... Weiter sollte man die Gefahr durch das von außen kommende intellektuelle Potential erkennen, welches sich schon in unserer Partei integriert hat.« Ein altes rechtes Ressentiment. Schon Goebbels hat gesagt: Wenn ich das Wort Kultur höre, entsichere ich meinen Revolver.

Die Mitglieder waren so stolz auf diesen Brief, daß sie ihn in der Spandauer Geschäftsstelle an das Schwarze Brett hängten. Der Wahnsinn bekam Methode. Die Abgeordneten Peter Rieger und Frank

Degen (heutiger Fraktionsvorsitzender) billigten dieses Machwerk nicht nur, sondern freuten sich auch noch, daß ein Schreiben in ihrer Geschäftsstelle hing, das mit voller Härte gegen den befürchteten Einzug der Intelligenz in ihrer Partei vorging.

Aber nicht allein die nicht vorhandene Intelligenz der Partei geriet ins Schußfeld. Der ehemalige Kreisvorsitzende Rainer Beyer erhielt Morddrohungen. Er hatte gewagt, vor der rechtsradikalen Unterwanderung bei den Republikanern zu warnen. Zunächst sollte er mit aggressiven Anrufen terrorisiert werden. Das ist gar nicht so leicht, wenn man nicht richtig lesen kann. Die Republikaner riefen einen falschen Beyer an, den sie sogar in seinem Wochenendhaus in Schleswig-Holstein aufstöberten. »Du Schwein, da hast du dich also versteckt«, und andere sympathische Begrüßungen tönten ihm aus dem Hörer entgegen. Da bekam der falsche Beyer gleich einen ganz guten Einblick in die deutsche Saubermannpartei.

Doch das war nur ein kleines Hickhack auf dem Boden des Hühnerstalls. Die spannendsten Kämpfe fanden auf der Leiter statt, auf den mittleren und oberen Sprossen. Einige Truthähne aus der CDU plusterten sich mächtig auf und trachteten nach einer gehobenen Stellung im Nachbarstall. Diesen Küken da drüben würden sie's schon zeigen. Die REPhühner wurden dann etwas gerupft und mußten einige aussichtsreiche Sprossen räumen.

Kurz nach seinem Eintritt bei den REPs wurde das ehemalige CDU-Mitglied Fisch Kreisvorsitzender von Wedding, Ex-Unionsmitglied Christoph Weidlich wurde nach vier Wochen stellvertretender Landesvorsitzender, Thorsten Thaler nach kurzer Zeit Fraktionsassistent im Abgeordnetenhaus. Die Reihe ließe sich fortsetzen. Die alten REPhähne kämpften um die verbleibenden Sprossen.

Mein lieber ehemaliger Parteifreund Richard Miosga, der behauptet hatte, ich sei von der CDU gekauft worden, dokumentierte seinen Idealismus, indem er von seinem Amt als zweiter stellvertretender Fraktionsvorsitzender im Abgeordnetenhaus zurücktrat, weil einer seiner Kollegen zum ersten Stellvertreter gewählt worden war. Das fand der Abgeordnete Miosga undemokratisch.

Im übrigen hatten sich in dem Stall zwei Lager herausgebildet, in denen es natürlich auch Überläufer gab.

Da war zum Beispiel der ehemalige Geschäftsführer der Fraktion, Rudolf Kendzia, ehemaliger Landesvorsitzender der NPD, der immer schweigend den Machenschaften von Andres zugesehen hatte. Weder bei den Verleumdungen gegen Rainer Beyer noch bei dem 100000-DM-Darlehensvertrag plagte ihn das Gewissen. Dennoch wurden Kendzia und Andres keine guten Freunde. So wollte Kendzia lieber ins Pagellager. Kurz vor dem Landesparteitag Ende Juni, wo es um den neuen Landesvorsitzenden gehen sollte, war es dann nicht verwunderlich, daß Kendzia das Finanzgebaren von Andres plötzlich nicht mehr verkraften konnte. Kendzia sagte sich wohl, wenn Andres wiedergewählt wird, habe ich in der Partei sowieso keine Aufstiegschancen, also helfe ich Carsten Pagel, dann habe ich wenigstens bei dem ein paar Körner im Napf.

Der Landesparteitag rückte indessen immer näher. Pressesprecher Pagel überlegte krampfhaft, wie er ohne viel Aufhebens seinen Konkurrenten um den Landesvorsitz bringen könnte. Dann die rettende Idee. Andres hatte zwei hohe Funktionen: Landes- und Fraktionsvorsitzender. Was lag näher, als zu behaupten, daß der Berliner Republikaner-Chef mit zwei Posten völlig überfordert sei?

So schnell wollte sich Andres nicht geschlagen geben. Nachdem er hundert Tage als Fraktionsvorsitzender im Amt war, nahm er dieses Jubiläum zum Anlaß, seinen Rücktritt von diesem Posten zu erklären. Fortan wollte er der Partei nur noch als Landesvorsitzender zur Verfügung stehen. Um Pagel mit seinen eigenen Waffen zu schlagen, plädierte er für Pagel als seinen Nachfolger. Er sei nach ihm der einzige befähigte Abgeordnete für diese Funktion.

Pagel nahm die Kandidatur nicht an. So leicht wollte er die Hoffnung auf den Landesvorsitz nicht aufgeben.

Verbissen arbeitete der Pressesprecher an seinen Mehrheiten. Mehrere Mitglieder und Kreisvorsitzende riefen mich in dieser Zeit an und glaubten, bei mir ein offenes Ohr für ihre Beschwerden über Pagel zu finden. Sie erzählten, daß Pagel gegen Andres wie ein Irrer wettern würde. Der Pressesprecher sagte, wir müßten unsere Leute so fest im Griff haben, daß sie ihn wählen, und wehe, wir würden nicht für ihn stimmen.

Andres hingegen gewann immer mehr Sympathien, weil er seinerseits kein schlechtes Wort über Pagel sagte.

So kam es, daß Andres stillschweigend an Pagel vorbeizog. 192 Stimmen für Andres und 151 für Pagel lautete das Endergebnis auf dem Parteitag. Andres war als Landesvorsitzender wiedergewählt worden.

Da sich Andres inzwischen mit den Landesvorstandsmitgliedern nicht mehr verstand, ließ er neue Leute in die Führungspositionen wählen. Auch seine bisherigen Gefolgsleute flogen von den oberen Sprossen. Gewählt wurden Leute, die erst sehr kurze Zeit bei den Republikanern waren. So zum Beispiel das ehemalige CDU-Mitglied Weidlich, das erst seit vier Wochen zur Partei gehörte. Erstaunlich war auch, daß W. Faris, der bei der Kandidatur für den Beisitz im Charlottenburger Kreisvorstand durchgefallen war, weil er einen großen Teil des Jahres nicht in Berlin verbringt, als Beisitzer in den Landesvorstand gewählt wurde. Wahrscheinlich sagte sich Andres, je seltener einer da ist, desto seltener kann er widersprechen.

Dennoch wollte im Stall keine rechte Ruhe aufkommen. So gab es etwa den Eklat um den stellvertretenden Weddinger Kreisvorsitzenden Detlef Tannenberger. Er saß unter dem Vorwurf der Vergewaltigung einer 29jährigen Weddingerin in Untersuchungshaft. Die Republikaner ließen daraufhin lediglich seine Parteiämter ruhen.

Mit Ausschlußverfahren war die Partei in dieser Zeit sowieso recht vorsichtig.

Der Ortsvorsitzende und Beisitzer im Spandauer Kreisverband, Fred Müller, der seinerzeit dem Fraktionsassistenten Thorsten Thaler 5 DM zugeschustert hatte, zeigte nun seine wahre Gesinnung. Mehreren Zeugenberichten zufolge soll Fred Müller gesagt haben: »Die Roste für Galinski baue ich höchstpersönlich.« Aus diesem Grund wurde gegen ihn ermittelt. Laut Protokoll wurde vom Vorstand beschlossen, dieses Thema erst mal ruhen zu lassen. Man wolle den staatsanwaltlichen Ermittlungen nicht vorgreifen. Die sagen sich, ein bißchen Antisemitismus, was macht das schon, und solange er nicht von Gaskammern spricht…

Um solche Kleinigkeiten konnte Andres sich in dieser Zeit nicht kümmern. Er badete im Machtrausch. Er hatte sich einen hörigen Landesvorstand zusammenwählen lassen, der ausführte, was Andres befahl. Das war überaus hilfreich für die vielen Ausschlußverfahren, die er jetzt einleiten mußte. Aber nicht etwa gegen Faschisten und Vergewaltiger. Wenn jemand ihm gegenüber ein falsches Wort sagte, flog er raus. Leistete einer Widerstand, sorgten entsprechende Muskelmänner, die die Meinung des Landesvorsitzenden vertraten, für »Ordnung«.

Gisela Mende, Bezirksverordnete in Neukölln, schrieb in einem Rundbrief vom 21. 8. 89: »...Hier wurde ich von Ordnern (Karatekämpfern) aufgefordert, den Versammlungsraum zu verlassen, mit der Begründung, dies sei eine ›geschlossene Gesellschaft‹... Auch auf meine Einwände, ich sei Mitglied des Kreises und Mandatsträgerin, mußte ich den Raum unter Androhung von Gewaltanwendung verlassen. Genauso erging es anderen Funktions- und Mandatsträgern. Geduldet wurden nur die Delegierten und vom Kreisvorstand ausgesuchte geladene Gäste. Bernhard Andres, Oliver Straube und Klaus Gehring – alle anwesend und von verschiedenen Parteimitgliedern ausdrücklich um Klärung und Schlichtung ersucht – hielten sich nicht für zuständig. Bernhard Andres erhob auf meine Einwände nur die Hände, zuckte mit den Schultern und sagte: ›Isch bin hier auch nur Gast und habe nischts zu sagen.‹ Das ist unser Landesvorsitzender!!! Ich sagte ihm auf den Kopf zu, daß er nicht eingreifen will...«

Ähnliche Briefe, die Sorgen und Enttäuschungen ausdrückten, gingen auch an den Bundesvorstand. Als diese Schreiben nicht halfen, setzte die große Reisewelle zum Republikaner-Vater Schönhuber ein. Jeder, der mit Bahn oder Bus nach München fuhr, traf die einfachen Parteimitglieder auf ihrem Weg zum Bundesvorsitzenden. Da die Hierarchie gewahrt werden mußte, reisten die Abgeordneten per Flugzeug. Miosga und Degen zum Beispiel saßen ganz blaß und verstört mit ihrem Köfferchen in der Hand mit mir im Flugzeug. Sie sahen so jämmerlich aus, daß ich fast Mitleid mit ihnen bekam.

Andres war so sehr mit dem Ausschluß und der Absetzung unliebsamer Parteimitglieder beschäftigt, daß er keine Zeit mehr hatte, sich um die Festigung seiner eigenen Funktion zu kümmern.

Am 10. 9. 89 war es amtlich: Schönhuber hatte das Gejammer der Fraktion satt und enthob Andres seines Amtes.

Das erstaunte nicht nur Andres. Der Bundesvorsitzende hatte doch noch vor wenigen Wochen im Fernsehen verkündet, daß er ein Schurke sei, wenn er seinen tüchtigen Wahlkampfhelfer Bernhard Andres jetzt fallenlassen würde. Gut, ist er eben ein Schurke. Schönhuber war ja bekannt dafür, daß er sein Fähnchen nach dem Wind hängt. Aber Opportunismus steht bei den Republikanern auf der Tagesordnung. Bei meinem Austritt wollten Funktionsträger wie Frank Degen und Carsten Pagel nichts von Gewalt in den eigenen Reihen wissen, weil sie ihre Posten nicht gefährden wollten. Heute schreien sie am lautesten um Polizeischutz.

Bedroht fühlen sich die Republikaner inzwischen nicht nur von linken Politchaoten und anderen Gegnern, sondern auch von den eigenen Parteifreunden. Nach dem Motto: Wer so einen zum Freund hat, braucht keinen Feind mehr. Die internen Positionskämpfe sind in einer Weise eskaliert, daß inzwischen viele nicht nur um ihren Posten, sondern auch um ihre Gesundheit besorgt sind. Mit gutem Grund. Viele Republikaner haben mittlerweile einen Karatekämpfer als Leibwächter an ihrer Seite. Sie lassen prügeln.

In einem REP-Rundbrief aus dem Jahre 88 heißt es: »...*wir brauchen selbstdisziplinierte Kämpfer ohne Profilsucht, einsatzbereite Arbeiter für unsere gemeinsame Idee..., opferbereite Mitglieder einer Partei-Familie!... Berlin braucht unser Vorbild!*«